U0738072

合伙人思维

抱团取暖是终极解决之道

李琼嘉◎著

中国纺织出版社有限公司

内 容 提 要

在新时代竞争对手不再局限于行业内部，而是来自各个不同行业的竞争对手，企业面临更大的竞争压力，要解决这一核心问题的根本措施是用"合伙制"代替传统的"雇佣制"。本书正是围绕当代企业关心的"合伙制"这一核心问题展开的，通过对合伙人思维逻辑的分析、从合伙到股权类型的选择、从合伙到管理如何建立有效实施机制，从中国实践到全球化视野下的合伙思维，以及当代适宜合伙制的行业分析等进行了详细论述，对于当今企业合伙制模式的发展具有一定的指导意义。

图书在版编目（CIP）数据

合伙人思维：抱团取暖是终极解决之道 / 李琼嘉著.
-- 北京：中国纺织出版社有限公司，2020.7（2024.1重印）
ISBN 978-7-5180-7608-6

Ⅰ.①合… Ⅱ.①李… Ⅲ.①企业管理 Ⅳ.
① F272

中国版本图书馆 CIP 数据核字（2020）第 124001 号

策划编辑：史 岩　　　责任编辑：曹炳镝
责任校对：高 涵　　　责任印制：储志伟

中国纺织出版社有限公司出版发行
地址：北京市朝阳区百子湾东里A407号楼　邮政编码：100124
销售电话：010—67004422　传真：010—87155801
http://www.c-textilep.com
中国纺织出版社天猫旗舰店
官方微博 http://weibo.com/2119887771
天津千鹤文化传播有限公司印刷　各地新华书店经销
2020年7月第1版　2024年1月第35次印刷
开本：710×1000　1/16　印张：12
字数：130千字　定价：98.00元

序 言

创业创新大时代，未来都是合伙人

　　新东方创始人俞敏洪说，谁把自己当老板看，谁死得最快；谁把自己当雇员看，这辈子最没出息。他之所以会这么说，是因为当下是合伙人时代，是一个需要重新界定关系的时代。合伙制已经正式走入了人们的视线，并且逐渐成为一种创业的新模式。合伙制的优势显而易见，无论是资金还是人力，合伙制都能发挥出 1+1 ＞ 2 的效果，让企业获得快速发展。同时，合伙制还能赋予人们工作的激情，让你的员工不再以单纯的雇员身份为你工作，而是以合伙人的身份为自己工作。

　　看过动物世界的人都知道，当群鱼裹成一个鱼群风暴的时候，连平时凶猛的鲨鱼都无法找到突破口，这是大自然生存法则给予这些弱小鱼类的智慧，商业社会更是如此，过去人们常说大鱼吃小鱼，小鱼吃虾米。如今的时代，早已不是大鱼吃小鱼的时代，而是快鱼吃慢鱼，群鱼吃大鱼的时代，不团结起来你永远成不了快鱼，甚至会成为孤军奋战的小鱼，很难在商海里生存。创业创新的时代，未来最稀缺、最常态的应该都是合伙共赢的状态。

　　因为雇佣时代已经过去，合伙时代已经开启。有人说，一个企业，无论

1

你愿意出多少钱，都很难雇用到一个优秀的人才，除非你跟他合伙，大胆、大度地把股份转让出去方可找到合适的人才，海纳百川，有容乃大，这样不但能够拓宽企业经营渠道，还能带动更多的创业人才。因为合伙颠覆了雇佣制的被动，让合伙人主动参与，主动释放，这样会逼出一个人的潜力，同时也能释放自己的潜力，从而让原本是两个普通的个人或企业变成一个非常优秀的合伙团队。

对于一个企业，尤其是对于那些创业团队来说，如果公司和员工之间仅仅是雇佣关系，每个员工只会把自己做的事情当成一份养家糊口的工具，而不会投入全部的精力，这样的员工不会贡献出更多的心力和精力，这样的企业打造的营盘一定也是松散和缺乏凝聚力的。

大家都有共识：一个人干不过一个团队，一个团队干不过一个系统，一个系统干不过一个趋势，团队＋系统＋趋势＝成功。合伙就是企业和员工凝结成了一个团队，一个系统，最终实现了人心齐泰山移的效果。

那些立在潮头浪尖上的企业，如华为、腾讯、阿里巴巴、小米集团、高盛集团，之所以相继成长为市值超百亿美元、千亿美元的公司，他们的共同点就是，都拥有最牛的合伙人团队。所以，打造杰出的合伙制不是平常功夫，应当算是一种绝学。需要从找人、找钱、找模式多条渠道上下功夫，这样才能实现共创、共享、共担、共赢。

合伙的目标是共赢，如果公司一人专权，一股独大，不愿意同别人合作，不愿意和别人共享，老板只希望别人给自己打工，这样的企业不但做不强，也做不大，更做不远。因为，每个人都不可能愿意一直给别人打工，在这个大众创业、万众创新的时代，每个人都可能是一个独立的平台，都可能是一个具备潜力的创业者。所以，企业不能单纯地把每个员工当成雇员，创业者、经营者要把员工变成合伙人。在形势大好的时候可以共享共赢，在大环境不好的时候可以抱团取暖。苹果公司的乔布斯和三星公司的尹钟龙，他们最独到之处就是擅长把优秀的人才招揽到自己的麾下。雷军也说过，企业未来没有老板和打工者，都是合伙人。

时代在发展，各行各业都进入"跨界"的时代。在这个新时代，竞争对手不再局限于行业内部，而可能来自一个你完全没想到、完全不相关的行业。在这个时代，只做好"自己应该做的事情"已经远远不够，横向的扩展学习和研究成为必需。否则，公司将会面临倒闭，而个体将会面临失业。必须利用合伙思维，让员工拥有归宿感、满足感，并且提供一个足够大的发展平台，不仅可以让员工明白努力不仅仅是为老板，更是为自己。要解决这个问题最好的办法就是用"合伙制"代替传统雇佣制，彻底将员工从"打工者"角色拉到"责任者"角色。合伙制下员工与老板是一种平等的合作关系。在这种模式下，店员可以用很低的门槛成为"老板"，既满足了他们当老板赚钱的梦想，同时也让他们成了企业销售体系中坚实的一员。

合伙都是带着一种给自己创业的心态，所以大家都能自我进化，自我激励，将个人的价值放大的同时也就放大了企业的价值。

如果一家企业从成立之初就采用合伙人制度，就相当于出生在罗马，不用走更多的弯路；如果一家企业在经营过程中开始采用合伙人制度，相当于选择了最近的一条路通往罗马；如果一家企业在兜兜转转之后才不得不采用合伙人制度，则相当于绕了一大圈才走上正轨；如果一家企业拒绝采用合伙人制度，会有两个结果，要么是凑合着生存，要么就是付出代价。所以，这是一个合伙时代，拥有合伙思维，企业才能走得更远，走得更稳。

李琼嘉

2020 年 5 月

目录

| 第三章 |

从合伙到股权合伙类型的选择

| 第四章 |

从合伙到管理建立有效实施机制

| 第五章 |

从中国实践到全球化视野下的合伙思维

| 第六章 |

从当下到未来，哪些行业适宜合伙

| 附录 |

第一章

从单打独斗到合伙共赢的思维逻辑

一、合伙时代：单打独斗难成大事

在植物学中，有一个很奇特的现象，在植物中最高大奇伟的当数红杉，有些品种的红杉能长到二三十层楼高，通常树长到这么高一定有发达的根系，但科学家发现，红杉的根并不深，它们在较浅的泥土里也能长成参天大树。根系不发达的红杉如何避免不被狂风吹倒呢？科学家进一步研究发现，长得高大的红杉必然是连片生长，大家肩靠着肩，手挽着手，根虽不深却紧密相连，结成了地上地下的一大片，除非把它们连根带树一块卷起，否则就撼动不了它们。

创业经营管理也要学习红杉，想要干成大事，不被撼动，就要依靠团队的力量，依靠合作、合伙的力量。

现如今，我们面对的是一个越来越复杂和动荡的世界；没有一种商业模式是长存的；没有一种竞争力是永恒的；没有一种资产是稳固的！只有寻求合作才是谋发展求长存之道！

王健林、李彦宏、马化腾选择了合作，他们不缺人也不缺钱，为什么要合作呢？因为他们需要整合更多的资源，打造更大的平台，提供更好的服务，所以他们要合伙，要联手。如此一来，他们将各自的胸怀、格局、眼光和境界组合在一起，形成了更强大的铁三角，无疑给我们上了一堂很好的团队合伙的课。

这是一个合作共赢的时代，这是一个资源共享的时代，这是一个优势互补的时代，一个人能够与多少人合作就能成就多大的事业，一家企业能与多少企业合作就能成就多大的平台。

俞敏鸿把新东方带进了华尔街上市公司，能够成为教育界的领军人物，靠的不仅仅是专业和能力，更多的是他吸引人才的能力以及笼络在身边的超强的合伙人。他在演讲的时候是这样说的：我喜欢跟一批人干活，不喜欢一个人干。创业初期，环顾周围的老师和工作人员，能够成为我的合作者的几乎没有，看来合作者只能是我大学的同学。我就到美国去了，跟他们聊天，刚开始他们都不愿意回来。当时王强在贝尔实验室工作，年薪8万美元，他一个问题就把我问住了："老俞，我现在相当于60万元人民币，回去了你能给我开60万元人民币的工资吗？另外你给我60万元，跟在美国赚的钱一样，我值得回去吗？"当时新东方一年的利润也就是一百多万元，全给他是不太可能的。

但我告诉他们："如果我回去，我绝对不雇佣大家，我也没有资格，因为你们在大学是我的班长，又是我的团支部书记，实在不济的还睡在我上铺，也是我的领导。中国的教育市场很大的，我们一人做一块，依托在新东方下，凡是你们那一块做出来的，我一分钱不要，你们全拿走。你们不需要办学执照，启动资金我提供，房子我来帮你们租，只要付完老师工资、房租以后，剩下的钱全拿走，我一分钱不要。"他们问："你自己一年有多少总收入？""500万。"他们说："如果你能做到500万，我们回去就能做到1000万。"我说："你们肯定不止1000万，你们的才能是我的十倍以上。"我心里想，到底谁能赚

1000万还不知道呢！就这样，我把他们忽悠回来，到2003年新东方股份结构改变之前，每个人都是骑破自行车干活。第一年回来只拿到5万、10万，到2000年，每个人都有上百万、几百万的收入。所以大家回来干得很好、很开心。

俞敏鸿正是这种"不能单打独斗，不能独享成果"的胸襟和见识，给了合作伙伴们信心和想要做好的决心，用"包产到户"的模式，开启了最早的合伙创业模式。也成就了后来的新东方，每个人都赚得盆满钵盈。

无论是新东方的"三驾马车"还是马云的"十八罗汉"，都向我们证明，人才是最贵的资源，也是共同创梦的重要组成部分。马云创业初期，十几个年轻人都没有太多的资金，有的仅是有某些方面的才能，然而，就是这样以人才为主的团队，让阿里巴巴成为目前中国电商的龙头老大。

互联网时代，更是合伙的好时代，每个想要做大事，想自己创业立门户的人来说，只要有想法就可以开创属于自己的事业。通过吸引资本、拉人合伙一起干；可以成立公司，打造一支属于自己的团队，就能实现梦想。由此可以看出，优秀的人才，可以作为你的合伙人，帮助你创业成功。单打独斗难成大事，合伙抱团才能赢得未来。

二、合伙思维：利于企业发展变强

经营企业，在平顺的时期也许看不到什么员工与企业同进退的价值的所在；但企业遇到一些危机的时候，企业往往最需要的就是有人能与之共担风险，同进同退，如此才能同舟共济，共渡难关。但共担风险不是说说而已，而是要落到实处。企业需要制度的设计、战略的设计，商业模式的设计，这其中，合伙制和合伙思维就是最关键的一环。

合伙思维最明显的特点是鼓励员工、激励员工进行内部创业，将员工单纯依靠打工赚钱的角色转变成了合伙人。企业在盈利的时候，员工除了拿到工资还能拿到分红；但在企业面临危机的时候，员工会同时承担压力和损失。如此，就是共同风险，同舟共济。比如，永辉超市和万科集团等这些知名的企业采用合伙人制度取代只能够同甘不能够共苦的职业经理人制度，这就为这些大企业的良性发展保驾护航。另外，合伙思维对企业的价值还有很多，有的企业改造之后受到了企业内部员工和外部合作伙伴的认可和欢迎，甚至还可以吸引原本单飞的雇员重新回到公司，这就大大增强了企业的向心力和人才力量，带来一系列的正面效应。

合伙思维带给企业的一种共同认知就是有了共担精神。合伙制最好的操作策略是激励政策，员工所有的行为和结果都是企业自己激励出来的，如果老板对看到的行为和结果不满意，就证明他还不懂激励，这就是激励的根本。所以，哪里有激励哪里就有动力，有了动力的企业就有了干劲十足的员工，这样的企业往往会变强。

合伙企业不再单单靠道德约束，希望员工为企业献身，与企业抱团取暖，而是用经济的规律去解决问题，用股权的形式去实实在在让员工得利，这样才会使员工愿意与企业同进退。

马云创业之初，就在杭州西部一个普通的居民区，一套 150 平米、四室一厅的房子里。那是马云的家，也是他们团队"十八罗汉"每天奋斗工作的地方。每人每月 500 块钱工资，日子过的很拮据。但是据后来他们团队的成员回忆，"大家真的很开心，所有人一门心思就想着做事。"

不顾一切，一时看不到希望，却乐在其中，相信未来。这就是创业者应有的状态和精神。

阿里巴巴在 1999 年 2 月 21 日召开了第一次创始人大会。马云慷慨激昂地抛出他的梦想——不做门户，也不做 B2C，就做面对中小企业的 B2B。参会的人先是沉默不发表自己的看法，然后是各抒己见开始激烈的争执。人们看不到未来，于是出现了失落、迷茫、犹疑的情绪和氛围，让本来一个激情满满的大会出现了短时的沉默。马云抛出了梦想，看到大家这样的状态，于是又开始对大家描绘和畅想美好的未来，他说："未来三五年内阿里巴巴一旦上市，我们每一个人所付出的所有代价都会得到回报，那时候我们得到的不仅是这套房子，而是30 套这样的房子！"当时湖畔的这套房子大概价值 25 万元，30 个 25 万元对这些还没有真正尝过成功滋味的年轻人充满了诱惑。

那时候的互联网并不火热，也没有多少人认为互联网会有后面的发展，所以马云和他的十八罗汉对商业模式有过无数次的争论。就像师昱峰说的那样，"当时不敢想未来，只相信马云，相信他说的每一句话"，为工作上的分歧，他们吵过、哭过，互相不理睬，甚至不在一起吃饭，"但过几天大家就又好了"。

阿里巴巴是幸运的，在 2000 年的时候拿到了孙正义等人的投资 2500 万美元，"十八罗汉"这才告别了湖畔花园。当时互联网形势不容乐观，资本寒冬和市场寒冬双双侵袭着这个草根创业团队。

一个合伙团队，不单单需要梦想和激情，还需要有共同面对困难的决心和思维。拿到投资的阿里巴巴从草莽英雄变成正规军，但最初也不是一帆风顺的，也出现了内耗。

"十八罗汉"中，第一批有三个人提干，于是成了 4 个官，14 个兵。加上公司大了，人员多了，"十八罗汉"很少有机会见面沟通——误解和矛盾越积越多。甚至创始人联合写信给马云，表达了各自的不满，甚至有人有退伙的打算。马云作为阿里巴巴的创始人，发现了问题，于是紧急召集"十八罗汉"开会，他严肃地说："这是一次批判会，今天大家不用回去了，既然你们有那么多怨恨，现在当事人都在，都说出来，一个个骂过来，想哭就哭，所有都摊在桌面上，不摊完别走！"

"批判会"从晚上 9 点多开到凌晨 5 点多，许多人痛哭失声，甚至有人提出离开。马云这个时候说，"同事之间、团队之间，提倡开诚布公，提倡有话直说，提倡面对面解决问题，提倡用男人的方式解决问题。不搞阴谋，不搞小动作，不搞背后串联，不搞拉帮结派，不搞小集团、小宗派、小山头。没想清楚就继续想，想清楚了就回去干活！"

马云这席话，后来升华为阿里巴巴九大价值观之一。有这样的"教父"，这样的团队，这样的激励，谁真正想要离开呢？正是这一次开诚布公的谈话，把问题放在了桌面上，奠定了大家一致努力去完成梦想的决心，也成就了这种合伙的思维。合伙不像独立办企业，而是要劲儿往一处使，心往一处想。

马云和他的"十八罗汉"的故事说明什么呢？为什么大家会有这种奋斗精神？还是那句老话，公司激励什么就会得到什么。也正是这样的十八罗汉，打造了后来的阿里巴巴。他们初创时的十八个人，也都成了真正意义上的合伙制受益者。也只有这样的合伙制，才能让一个企业变强大。

另外，无论是个人创业还是给人打工，都有四个层次。一是打工者形象。就是将自己的时间卖给别人，为别人创造剩余价值，可以说这是最低层次。二是自由创业者，也被称为超级个体。像网红、直播等方式，他们出卖自己的时间换取收入，但比较自由，比上一个进步了一些。三是创业者或企业家，购买别人的时间再出售的人，他们买的时间越多，创造的收入也就越多，不但自由，而且还很容易买到别人的时间，属于中高层级。四是投资家，这是最高一级的模式，会更加自由，也有更大的创造财富的可能。

个人的这四个层级和合伙制比较相像，合伙制的根本目的是让参与合伙的人逐层递增，变得越来越好。从单纯打工者跃迁到自由阶层，通过合伙制把更多的打工者升级成创业者，创业者再升级为投资者。

合伙制的根本是发现优秀的人，识别到优秀的人才然后给予对方充分的信任，做到真正去中心化，大家是平等的，共同商量，共享共担，这就是合伙的本质核心。

当企业把企业的利益和员工的利益捆绑在一起时，让二者的价值观趋于一致，最后获得双方共赢，才会让企业有变强变大成为可能。

三、合伙提升：学他人"长板"补自己"短板"

很多人愿意找身边的人进行合伙，觉得身边的人亲近，彼此了解所以信得过，其实选身边的人进行合伙并不是明智的选择，熟悉的人之间合伙有时候反而有很多不足。身边熟悉的人往往代表关系中的"强关系"，很多有过合伙经验的人，能够在对方身上学到东西的，往往来自弱关系，而不是强关系。因为太过亲近，彼此都十分相像，圈子也趋同，因为水平和实力大部分在一个水平线上，所以无法给自己带来更多的提升。强关系就是指身边的老乡群，同学群，战友群，家人群，因为大家都很了解，甚至因为熟悉而呈现出观点一致的状态。这样的合伙往往容易学不到对方身上的更新鲜、更独特的想法。就像万科曾经的高管毛大庆说过："找合伙人，最怕的是找最熟悉的或与我们观点最一致的人。因为同质化的伙伴并不是合伙人需要的，因此'我们要找不同的人、基因不一样的人，但为了同一个理念、同一个远大理想、同一个愿景去奋斗，这是合伙人最根本而且是背靠背的信任'"。

如今越来越多的人开始选择创业了，可是许多人由于阅历、能力、资金等方面有限，往往不能独立承受起创始人的压力。于是他们就找人合伙创业，通过双方的能力互补，一起努力把创业项目做好，这是一个趋势，也是一个好的方向。

在信息日新月异的今天，没有一个人是万能的，没有一个人什么都懂。所以，寻找合伙人的目的就是要取别人的长处，补自己的短处，尽量找一些不同领域的、关系不是很强的人。正是因为寻找基因不同的合伙人，大家在一起才能互相成就，互相弥补，互相帮助对方成长，有这样一群人共同帮助一个机构不断向新平台迈进，才能跟它的竞争对手去竞争。

在双方取长补短方面，有一个"狼狈为奸"的故事值得我们参考：

有两种野兽，他们长得十分相似，一个叫狼，一个叫狈，他们的共同点是都喜欢偷吃羊和猪。但它们俩唯一让人能够认出来的不同之处在于，狼前脚长后脚短，而狈前脚短后脚长。

一天，狼和狈约好一起去偷羊，羊圈内的羊肥美多肉，羊圈外的狼和狈看着高高的墙和门苦苦想办法。于是各自发挥自己所长，因为狈的后腿长，所以蹲下来让后腿短的狼骑在脖子上，狼的前腿长正好可以伸进圈里抓羊，然后偷出来两个共享。它俩就这样尝到合伙偷羊的甜头，开始不断干这种勾当，因而被后人称为"狼狈为奸"。试想，假如狼和狈各自为阵互不合作，不可能凭一己之力偷到食物，正是合伙偷才达到了双赢的境界。

创业或经营企业也是如此，实现双赢是最高境界。一个企业不论发展到什么程度，或者不管一个人的能力有多强大，总会存在一些大大小小的不足，如果能弥补自己缺陷并与盟友合作的话，也许这些问题就会迎刃而解。

人们之所以要合伙，就是要寻找自己没有的长处，比如，取别人的长处如领导力、资金等，只要有你缺少对方所拥有的某一项，就可以与他合伙。

寻找合伙人的第一步就是要分清双方各自的优劣，确立取长补短的模式。第二，从不同中找到共同点，确立双方都受益的合作基础。因为，双方都受益，双方才会都使劲，能够彼此取长补短的时候，产生最大的能量。第三，要在不同的时候用不同的人。

新东方创始人俞敏鸿在分享新东方的合伙经营理念的时候讲过，刚成立的时候，因为没有什么公司结构，用的大部分是家庭成员。但过了一段时间，随着企业的发展就不能够一直这样下去，会不利于管理。于是开始不断引进外来人才，借助外来人才的力量，把家族成员清理出了新东方，成功将新东方推进到新的发展阶段。

再后来，新东方要在华尔街上市，于是又招来顶级的美国上市专家，这样才能保证新东方上市的顺利进行。这么多年过去了，新东方一直在不断地转型，从家族经营到合伙人制，再到中国国内股份制公司、国际股份制公司，以及国际上市公司。其目的就是在不断取长补短，不断调整战略发展方向，这样才不断提升，不断学习，最终变得越来越强。

所以，合伙在于合别人的长处，提升自己，改善自己的现状，这是在设计合伙模式之前要考虑的。

四、合伙目标：协同一体共创、共享、共担

合伙产生的终极目标就是共创、共享、共担。对于合伙，大佬们都曾说过金律良言。马云说，下一轮竞争，不是人才竞争，而是合伙人制度的竞争！阿里巴巴对合伙人的要求是："在阿里巴巴工作 5 年以上，具备优秀的领导能力，高度认同公司文化，并且对公司发展有积极性贡献，愿意为公司文化和使命传承竭尽全力。"马云说："大部分公司在失去创始人文化以后，会迅速衰落蜕变成一家平庸的商业公司。我们希望阿里巴巴能走更远。"

徐小平说，"合伙人的重要性超过了商业模式和行业选择，比你是否处于风口上更重要"，你想要企业发展，就要认真对待合伙这件事。

郁亮说，万科"事业合伙人"既为股东，也为自己打工。人才是万科的资本，万科从零开始做大到后来上市，我们发现人才是比钱更重要的东西，人才不等同于资本而是高于资本。

在合伙制中，人才创造了价值当然应该分享价值带来的成果，共担损毁的价值，也应该承担相应的责任。至于共创，因为合伙的目标就是发展生产力，协同创新达到盈利最大化，所以，无论是哪个企业，只要采用合伙制模式，原则上就不是谁雇用谁，等于大家一起入伙，都离不开共创、共享、共担。

　　什么是共创呢？只要成为合伙人，前期一定需要相当长的投入期，这个时间能不能赚钱是未知的，可能不但没有收入还会不断往里投钱。这个时候不但不能抱怨，还得并肩作战。创业之初，合伙人不单单是拉过人来充个数，需要涉及真金白银的出份子的时候，合伙人就有了新的意义，涉及投资这一项才真正体现共创精神。真正的合伙人都能放下所有眼前利益，全力以赴，奔着光明前途勇往直前。这时，他们可以算是合伙人。他们在共同承担资金风险的同时，也全身心地付出努力，并在自己的领域开拓出一片天地，为其他伙伴分担压力，提供支持。创业路上，你遇到的问题会越来越多，越来越难，越来越具体。所以你必须有相应的专业人才去承担起来。所以对于创业的那些事，要真想做成，最关键的还是要有一个强大合伙人团队，这远比寻找投资人更重要。只有那些有过一些经历（失败）的人才适合一起做事，至少他们懂得失败是什么，责任是什么，耐心是什么，而不是一味好高骛远只去想好事。对于创业来说，过程是最重要的，在过程中，在曲折的经历和成长中，我们才能真正找到最适合我们的合伙人，才能找到最适合的做事方法。而投资人则是在创业有了一定的雏形和规划之后，再进一步考虑的事情。这就是共创的意义。

　　什么是共享呢？合伙人的本质就是一种共享机制，等于价值创造者参与价值分配的过程。这个价值有大小，参与价值分配也要有侧重。

　　比如，做常规性工作的人，不创造价值只生产价值，相对来说参与价值分配的股份就少，或者不参与价值分享。另一种是项目性工作，按既定计划创造部分价值，可以参与价值分享，取决于企业的决策，决定参与价值的多与少。还有一种是创新性的工作。比如能够拿到资源的人，创新研发的人，这类人员引领企业的发展，是真正的价值创造者。从工作创造价值的方法、角度来做以区分，就容易分出真正的合伙人。也能真正看到什么才是共享。

什么是共担呢？很容易理解，合伙做企业有赚就有赔，比如前期参与价值分配的少，那么在承担风险上就相应少。共担是合伙人制度的主要决策方式，既然是合伙，当然得共同决策，共同分担责任，共同承担决策的风险。

当同时存在共创、共享和共担机制的时候，管理团队的利益将与股东高度一致。在这样的制度下，团队将更真切、更直接地感受到经营的好坏，也更加关心这一点，从而目标感更强。

五、合伙模式：公司制、联合创业、组团投资、跟投机制

合伙的模式有很多种，这一节我们分析几种常见的合伙模式。首先，看一下什么是公司制。

1. 公司制合伙模式又称为股权控制型合伙

公司制合伙模式主要是在公司内部通过向核心人才分享股权实现长期激励的一种合伙形式。一般有分享公司股权和分享项目股权两种。爱尔眼科采用的就是这样的合伙模式，其核心人才是有限合伙人

出资到合伙企业，享有合伙协议及章程规定的权利，履行相应的义务。他们与公司一起出资新建医院，在新医院达到一定盈利水平后，按照相关证券法律、法规，通过发行股份、支付现金或两者相结合等方式，以公允价格收购合伙人持有医院股权。按照这一模式，爱尔眼科在二三级城市建立连锁医疗机构时主要采取的是复制成功样本的模式：以内部成功案例为模版，增设新网点，不仅可以节约资源，还能够快速实现盈利；同时，以较低的成本吸引大量优秀人才。而对于骨干人才来说，医院的合伙人其实就是医院的所有者，其利益与医院的利益是一致的，能在更大程度上激发骨干人才的活力。

公司制的合伙模式一般具有几个特点：

（1）传统的雇佣模式激励体系是工资＋提成＋奖金＋福利。而公司制的合伙模式在传统的薪酬体系下增加利润分红。公司可以先约定目标业绩与利润，当达到目标利润后，可以把超额或者增量的利润分配给团队核心人员。所以，会使员工的参与度更高，因为员工会从传统的打工者变成合伙人。阿里巴巴通过员工持股计划将员工转变为店铺合伙人，每个员工都是阿里巴巴的股东，所以在阿里巴巴上市之后，员工获得的利益也水涨船高，很多员工因此升级为百万富翁，甚至千万富翁。如果员工不持有股份，就无法从阿里巴巴市价的上涨中得到收益。

（2）机制开放，风险共担，这样能够激励骨干员工。我们还以爱尔眼科为例，在新医院达到一定盈利水平后，公司按照相关证券法律、法规，通过发行股份、支付现金或两者相结合等方式，以公允价格收购合伙人持有的医院股权。只要店铺获得超额收益，合伙人也能得到较高的回报。

（3）公司制的合伙模式对整个公司来讲，除了激励之外，还要实现控制的目的。所以这个模式又被称股权控制模式，要么是控制其上市，要么实现权益的平移。

因为合伙人制度存在无限连带责任的经营风险，合伙人之间的经营必须非常慎重，这在某些程度上阻碍了一些合伙企业的成立。而"公司制合伙人"模式能够有效结合"公司制"和"合伙制"的优点，施行类似企业的组织结构，避免合伙制无限责任的约束，同时又能有效融合短期激励和长期激励，从而发挥核心人才的建设性作用。

2. 联合创业合伙模式

联合创业合伙模式又被称为平台型合伙模式，这是一个被大量的新业务公司，大量需要在原有业务体系上孵化新业务的公司所采用的模式。也就是企业搭建一个平台，让员工在平台上进行各自经营。这种合伙制经营模式一般对人员不作太大限制，以自愿参加及出资为前提，但只能融入到公司的平台中。华为在20世纪90年代就开始采用"奋斗者＋合伙人"的平台模式，凝聚人才，激活人才，取得了巨大的成功。

比如，某养殖集团就是采用的这种"公司＋农民"的平台制的合伙模式。公司负责育种、孵化、饲料、养殖技术服务及销售等环节，养殖环节由农户负责，农户提供自有土地，投资养殖场，并负责养殖。这样的合伙模式，对于利益分配方面，公司首先照顾农户的利益，接下来是员工，社会，最后是股东。虽然农户和该养殖集团是一种合作关系，而不是一种企业管理式的关系，某种意义上不受公司直接管理，但在整个模式中，可以定义为合作农户为公司的"员工"。而这些"员工"和集团的关系用现在的逻辑来分析的话就是合伙人。养殖集团提供平台，"员工"借助平台进行创业和发展。而为这些"员工"（即农户）提供平台服务的员工，养殖集团也给了员工充分的福利，让每个在属于自己位置的人都能得到应有甚至超出范围的福利，农民和员工满足了自己应该有的归属感，自会提高生产积极性。

随着互联网与产业融合的不断加深，平台合伙的类型越来越丰富，与产业融合的范围越来越广，平台逐步由一种商业现象发展成为一种经济形态。可以说，我们已经进入到平台经济时代。

3. 组团投资合伙模式

组团投资合伙模式，顾名思义就是一群价值观相同，对某个项目抱有期望和愿景的人，共同出资进行项目投资开发的一种合伙模式。这种模式的优点是可以很轻松筹得资金，参与者可以降低前期对于项目投资的风险。常见的组团投资合伙模式有合伙做咖啡馆，合伙投资某个电影。组团投资用在影视领域模式的设计是多层次的，既可以进行企业股权融资，也可以将项目分列出来，进行债权融资；或者将产业链上的重要资源穿接在一起，引入一个公认的结算机制，能够依靠一切资源，进行产品创造，并且形成公平的利益分配模式。总之，组团投资模式能够分解影视运作中的一切环节，并且将这种环节变成价值包。最终形成"人人都是出品人"的局面，从而推动文化影视行业的繁荣。

4. 项目跟投合伙人模式

项目跟投合伙人模式，是在获取项目后，要求下属公司管理层、核心员工与公司同时进行投资的行为，以实现项目利益与个人利益的捆绑机制，在项目跟投的作用下可以减少对经营风险的担心，同时，变下属公司管理者为经营者，能够起到提升经营效率、改善经营业绩，降低人员流动的作用，大家成为事业共同体，风险、收益共担，极大地激发了组织效率与活力。

项目跟投合伙模式将公司的业绩、股市的表现、投资的风险与员工联系在一起，在项目开发的过程中，项目所在区域公司相关人员要求必须跟投项目，共享利益、共担风险；而管理者须将年终收入购买公司的股票；使得所有人员的收入不再仅仅靠个人绩效考核来定，而是与公司的收益、项目的收益紧紧捆绑在一起。

常见的项目跟投模式合伙很多，之前有万科的合伙人制度，现在不少地产公司也在用项目跟投制度进行布局。比如区域公司对自己区域的所有项目经营实行"费用包干"，超出费用部分由区域公司全体承担，结余部分由区域公司全体进行分享。一般要求管理层强制跟投，其他人员自愿跟投，公司内部实行杠杆控制，既满足跟投要求，又保证股东利益，又能激发员工的"老板意识"，共同参与经营，共享企业经营成果。一般采用跟投模式的地产公司的团队被激活、协调更顺畅，能够快速拓展三线、四线房产市场。

创业要成功，合伙制度是必不可少的手段，不少企业老板已经有了这个意识并积极去开创合伙模式。除了上面列举的几个合伙模式之外，随着市场的不断发展，相信未来还会有更多新的变化，不同的企业有不同类型的股东，没有一个人的梦想是独立完成的，钱、权分好，责任、义务划分清楚，自然有有能力的人去干，不仅为你而干，也是为他们自己而干。

六、合伙意义：合力合利，抱团取暖

有人这样形容合伙的意义，当盈利的时候，不是老板一个人盈利，而是一堆合伙人在盈利！当风险来的时候，不是老板一个人在扛，而是一堆合伙人在扛。

以前我们可能觉得仅仅是个观点，通过 2020 年开年一直持续的疫情，让很多人更清醒，多少个单打独斗的企业危在旦夕，而具备一定资源，拥有合伙人思维的企业，虽然不好过，但相对而言还是安全一些。以校外培训机构为例，那种单打独斗的机构，可能因为生源问题，因为成本问题无法继续进行。而有的机构却能够积极与其他机构合伙，实现抱团取暖。比如，美术培训机构和书法机构合作开展线上教育模式，互相借调员工，积极应对困难。

小生意单干，大事业合伙，合伙的真正意义就是在共创机遇与财富的时候能够实现合力合利，在遇到危机的时候能够抱团取暖，共担风险。阿里巴巴、腾讯、华为、小米、新东方、真功夫等，中国乃至世界，优秀的企业都是由优秀的合伙人团队组成的。

我们看一个"抱团取暖"的合伙案例：

在某地有一个菠萝种植县，由于出现了低价滞销，使菠萝种植户面临亏损的局面。于是该县将种植、加工、流通销售的大户联合起来，成立了菠萝行业协会，抱团合力抵抗市场低迷，最后不但带领种植户走出困境，还把菠萝产业做出了巨大的商机。抱团就是将曾经单个的力量汇聚成了强大的众合能力，菠萝种植户之间是各自为营，互相不信任也不会共享，后来种植与加工和流通合伙经营，互补互利，补了各自的短板，从而实现扬长避短、扬长克短。只有这样，才能实现多方共赢、和谐共生。因此，抱团发展，势在必行。因为抱团所以各种植户又得到了"温暖"，首先提高了菠萝产业的创新能力。曾经的菠萝种植品种单一、土地多年连种、栽培管理不规范，菠萝品质参差不齐。因此，抱团发展必须推进种植的"创新力"，改变原有的单一品种种植方式，实行优种贵卖，并提高菠萝品牌意识，提高菠萝产业的附加值。同时，抱团发展通过科学整合资源，降低内部损耗，提高工作效率。除了单家独户种植外，还有几百户种植大户，种植面积有的达几百亩甚至上千亩。另外又有几百户加工大户和流通大户。通过科学规划，规范种植、流通、加工等各个环节的工作，并进一步引导种植户科学种植，让各方拧成一股绳，形成一股向心力，共推菠萝产业发展。

那么，合伙创业能给双方带来哪些好处呢？

1. 优势互补彼此疗伤

无论一个人多么优秀，都会存在一些缺点甚至硬伤，在创业的某个阶段出现漏洞。可是，创业就像是走钢丝，即使在前段走得小心翼翼、非常稳当，一旦中间出现偏差，掉了下来，就失败了，回天乏力。所以，为了不让自己失败，或者失败了能够回血，在寻找合伙人的时候不但要充分认识自己，还要充分认识对方，知己知彼才能所向披靡。

2. 合别人的力量与资源，补己之短

合伙人的重要性在于，对方有资源也有领导能力，如果合伙人具有很强的能力，有分担职责的"创始人"精神，就能够承担起公司的核心领导责任。如此，双方都能将自己更多的精力放在重点业务和获取投资上。另外，合伙人一般都有着很多的人脉与资源，合伙能给公司提供最大的资源整合。

3. 能够实现内部监督

合伙制事务所的合伙人承担的是无限责任，一旦出现问题需要承担经济赔偿责任时，不仅当事人要为之付出代价，其他合伙人也要负连带责任。这种赔偿制度，让每个合伙人都谨慎执业，勤勉尽责；同时，还可以在合伙人之间形成一种内部监督机制，强化内部人员的责任感和危机意识。

未来，尤其是中小企业如果想要找到一条出路，有必要依托大企业、大品牌，这样可以整合中小企业的资源，并依托产业产品特色，融合企业优势，合力打造共享共富型的经济体，将产业上下游相关企业聚合到一起，相互支持，不失为一条值得探索的出路。

七、合伙辨析：合伙企业与私募基金的区别

要搞清楚合伙企业和私募基金的区别，我们就先要搞清楚这二者的概念和相关规定。

合伙企业在法律上是这样规定的：是指自然人、法人和其他组织依照本法在中国境内设立的普通合伙企业和有限合伙企业。

普通合伙企业由普通合伙人组成，合伙人对合伙企业债务承担无限连带责任。

其合伙形式有别于私募基金有几个特点：

（1）公司因实施股权激励之需设立的有限合伙企业形式的持股平台，不以投资为目的。

（2）公司的关系成员如亲属、朋友或员工共同出资设计的共同投资行为。

（3）保险公司、券商、信托等公司设立的直投子公司，使用的自有资金不对外募集资金。

所谓私募基金，《私募投资基金监督管理暂行办法》是指在中华人民共和国境内，以非公开方式向投资者募集资金设立的投资基金。包括资产由基金管理人或者普通合伙人管理的以投资活动为目的设立的公司或者合伙企业。

私募基金的特点：

（1）与公开募集相比，私募基金"不公开"，一般在200人以下非公开募集。

（2）基金的目的在于投资，以有限责任公司或合伙企业形式设立的私募基金的投资者人数不得超过50人，其他不能超过200人。投资者必须具备相应风险识别能力和风险承担能力，投资单只私募基金的金额不低于100万元（单位投资者，净资产不低于1000万元；个人投资者金融资产不低于300万元或最近三年个人年收入不低于50万元）。

（3）基金有类似"管理费"和"超额业绩报酬"，具有典型基金属性的安排。

合伙企业如果在进行私募基金募集的时候，如果不规避风险的话，很容易变成非法集资。我们看一个案例：

某集团有限公司以AB资产公司为融资平台，以有限合伙的形式推出合伙人计划，成立所谓的私募股权投资基金。然后通过在市中心黄金地段租赁办公楼、投放媒体广告、冠名电视台知名栏目、聘请知名人士代言等方式提升"AB合伙人"品牌形象，虚假夸大公司实力，宣传募集来的钱款将对外投资，并口头承诺保本付息，以此吸引不特定社会公众投资其理财产品。为了吸引更多投资者，他们将100万元起投金额作了变通，将最低投资额降低到5万元，并将投资人登记注册为有限合伙企业的股东，以合伙企业的形式投资私募基金，再滚雪球似的成立数百家有限合伙企业。实际上，这些企业都是空壳公司，没有什么实际的经营业务，成立目的就是为了吸收资金，这就是一种非法集资。

实践中，往往有以投资为目的设立的合伙企业，但不进行私募登记备案，这类合伙企业是普通的有限合伙企业还是违规未进行私募登记备案的私募基金？这需要权衡和界定清楚，换句话说，我们要知道合伙企业和私募基金的法律边界在哪里。

无论是有限合伙企业，还是合法的有限合伙形式的私募基金，要规避法律风险需要清楚以下几点：

（1）有限合伙不涉及募集资金，合法的有限合伙形式的私募基金可以非公开方式募集资金，一定是"非公开"，也就是不能大肆宣传，公开集资。如果公开或非公开方式进行宣传性的募集则是违法行为。

（2）有限合伙企业经营范围不限制，合法即可。合法的有限合伙形式的私募基金以投资为主要目的，包括买卖股票、债券、期货、期权、基金份额及投资合同约定的其他投资标的。

（3）有限合伙企业合伙人之间基于认识而互相信任，合法的有限合伙形式的私募基金合伙人之间并不认识，基于对基金管理人的信任。而非法的私募基金合伙人之间则完全不认识。

（4）有限合伙企业合伙人出资既可以是货币，也可以是实物、知识产权、土地使用权或其他财产权利。私募基金则完全是现金出资。

八、合伙分配：谈钱不伤感情，分不好钱才伤感情

中国有句老话，亲兄弟明算账，对于合伙更是这样，合伙分配得好才能够长远发展。否则就会出现能共苦不能同甘的现象。在初创企业时候，因为没有利益或者利益还不太大的时候，各自都能心平气和彼此迁就，一旦涉及利益分配的问题，谈钱就会伤感情。我们国家还是一个讲究人情的社会，喜欢讲义气、讲亲戚，讲哥们，很多人觉得制定的规则多就是对合伙人的不信任。其实这种观念恰恰是有害的，给合伙的后期管理埋下很多隐患。

所以，合伙之前遵循"先小人后君子"的原则，在前期多花精力去建立规范的分配制度，也不要在后期出现问题再商议，一旦在后期出现问题，不仅伤害合伙人的感情，还会影响具体工作的开展，更有损于利益最大化。

比如，某知名快餐企业有过失败的案例。刚开始的时候是小舅子开的小门店，后来姐姐和姐夫来一起合伙开店。因为是亲戚关系，在股权上最开始大家都没有明确规定，就实行了一人一半的原则。但随着后来门店的生意越来越好，不断扩张，小舅子和姐夫、姐姐每个人的作用、心态等都开始发生变化。小舅子认为自己是最初的创始人，

而且随着连锁扩张是自己解决了快餐标准化，自己承担的是大部分的责任，也带来了最大化的贡献，理应拿到的利益最多，与姐姐姐夫一人一半太吃亏。而姐姐和姐夫不这么认为，觉得要不是自己加入，可能小舅子还守着自己的小门店只能养家糊口，不可能赚得这么多，这都是自己市场拓展和布局的能力带来的后续这么快的连锁扩张。最初觉得一人一半挺合理，慢慢得也觉得自己更亏，认为小舅子就出了一个人，而自己却夫妻两个人都搭进来了，应该分得更多。由于前期没有签定书面的分配合同，也没有细化分配标准，导致分歧越来越多，互相排挤。最终姐姐和姐夫把小舅子挤出了企业。但小舅子也不是吃素的，在双方相互争斗的过程中，小舅子行使股东知情权开始查账，一查查出问题，把姐夫送进了监狱，还判了刑。最终的结果不仅仅使原本很亲的姐弟俩反目成仇，而且使本来发展很红火的快餐店远不如预期。

可见，合伙分配是非常关键的一环，也是重要的一环，设计不好将会带来很多麻烦。无论和亲戚朋友还是公司内部的关系，利益分配原则都是至关重要的，如何用股权机制让好朋友之间能更好的合作，这才是关键。

如何在前期做好功夫从而避免后期出现分钱伤感情呢？

1. 重视创业初期的股权设计

创业初期，有的出钱，有的出力，不能完全按出资比例来分配股权。如果按照出资比例来分配股权的话，那么初期有一部分资金不多但能力强大的人就有可能成为最小的股东，这样对于这些有能力、有创新的人产生不公平感，会打击其后面的积极性；另外，如果按出资比例来分配，会导致有钱但缺乏创业能力与创业心态的合伙人成了最大的股东，会影响公司的发展。所以，正确合理的分配应该分为资金股和人力股，资金股占比小，人力股占比大。但是，人力股要和创业团队四年全职的服务期限挂钩，分期成熟。对于创业团队出资合计不超过100万元的，建议资金股合计不超过20%。

2. 合伙团队中要有老大

合伙其实最避讳5/5开，平均开，那样就没有让人信服的老大。但合伙做生意，核心是老大的股权设计，老大不清晰，股权没法分配。老大只有对公司有控制，公司才有主人，才不会沦为赌徒手里不断转售的纸牌。老大一般要选公司的创始人或CEO来担任，他不但要有比较大的股权，也要有更多的担当，这样才能够主导整个团队健康发展。尤其不能让不懂行的投资者过多地干预企业的正常经营。

3. 不要把股权分足，预留调整空间

合伙创业的过程中，大家贡献的资源不同，有的出资金，有的出专利，有的出点子，有的出技术和运营，等等。一定要充分评估在创业的不同阶段这些不同资源的变化。初创时期，发展时期，成熟时期这些资源的贡献是不同的，需要综合考量，不能因为冲动或感情因素觉得这个人创意不错，或那个人运营不错就把10%的股权给他。等到项目的运行过程中发现他的能力也是一般般，想把其到手的肉再重新分配，基本上就非常难了。预留调整空间，可以把每个人的股比都先降下来，放在股权池里。合伙人之间进行约定，我们还有这些预留，以后会根据项目开展的不同阶段，每个人的不同贡献进行股权的调整。

4. 合伙人股权要有退出机制

合伙人分配出现问题的最大原因来自完全没有退出机制。有的合伙人持有公司股份，因为某些原因离职后却坚决不退股。其他合伙人认为不回购股权，既不公平也不合情不合理，但由于事先没有约定合伙人的退出机制，对合法回购退出合伙人的股权束手无策。因此，合伙人应首先就退出机制的公平合理性充分沟通理解到同一个波段。如果合伙人离职，资金股与已经成熟的人力股，离职合伙人可以兑现，但未成熟的人力股应当被回购。举个简单的例子，如果 A、B、C 合伙创业，股比是 6:3:1。做着做着，C 觉得不好玩，就走了。他手上还有 10% 的股份，如果项目做起来了，他等于坐享其成，这样对团队里的其他人是不公平的。这个时候怎么做呢？就要提前约定，股权按四年授予来算，干完四年股权可以按分配的拿到 100%，每干一年可以拿自己所得股权的 25%，如果 C 干满一年离开了，就只能拿走 2.5%（10% 的四分之一），剩下 7.5% 就不属于 C 了。

除了以上几点之外，关系再好的合伙人都离不开一个"利"字，为利而聚也会为"利"而散。所以，只要和钱有关的事情一定落在纸上，一条一条白字黑字落在纸上。创业团队最不应该把问题放在"以后再说"，即使是小问题，也等于给未来埋下了风险，并且会在团队强大的时候变成一个大问题。

第二章

从单干到合伙必须明白几件事

一、合伙的特征与优缺点分析

合伙的通俗说法是指两个或两个以上的自然人一起创业经营，风险共担利益共享，成为获得企业股份或分红权的合作伙伴。

在法律意义上，合伙人通常是指以其资产进行合伙投资，参与合伙经营，依协议享受权利、履行义务和承担责任，并对企业债务承担无限（或有限）责任的自然人或法人。合伙人必须具有民事权利能力和行为能力。

其特点简单概括为：两个或两个以上的共同投资人；合伙要受合伙协议的约束；按照协议共享利益，共担风险；合伙制企业不能取得法人资格但要对企业的债务负相关责任。必须以书面协议达成合作。

举个例子：A 和 B 是一对情侣，两人在 2018 年合伙出资成立了一家服务公司。他们当时由于情侣关系只是口头达成了协议，由 A 单独注册并成为法定经营者。经过几年努力，这家公司逐渐发展壮大。然而，公司虽然有了起色，但是两人的感情却破裂了，并于 2020 年分手。B 不想继续合作想要撤资退出。然而，A 却以没有正式的书面协议为由，拒绝了 B 提出的共享利益、获得部分权益的要求。最终，A 只是返还了 B 最初的出资额和相应的利息。

这个案例除了没有签书面协议之外，基本符合合伙制的特征和要求。由于合伙之前是建立在互相了解和信任的基础上，所以非经合伙人全体同意，不得随意修改合伙协议，不得随意退伙，不得随意转让自己的出资。

合伙的特征和优势是什么呢？

1. 真正的归属感

合伙因为建立在利益共享的基础上，所以不再有那种传统老板吃肉，员工喝汤的状态。因为合伙而产生了很大的回报或者预期的回报，使一个人从打工的状态变为合伙，当家做主的感觉会让内心产生真正的归属感，产生了给企业干就是给自己干的信心。

2. 实际拥有感

再好的员工也很难把企业当成自己的家，因为终究这个企业不是自己的，是老板的。所以，大部分员工不会把自己明明很强大的工作能力和创意力百分百使出来。合伙人制度让员工不再是过客，他们有了话语权和实实在在的存在感。比如，稻盛和夫创办的京瓷利用阿米巴经营方式，使员工都拥有了主人翁的责任感和使命感。

3. 收获成就感

传统的雇佣制，企业盈利还是亏损似乎和被雇佣者的关系不大，员工无非只是得到一些工资上的提升，却并不会有人对其的付出给予肯定和认可。合伙人制度将这个问题解决了，如果成为企业的合伙人或股东，就等于带给了员工成就感。

4. 真正吸引人才并使人才不流失

公司给予员工再多的工资也是有数的、有限的。而且竞争对手的公司可能永远会开出更高的工资来吸引人才。随着合伙制的推出，合伙企业便有了更多的筹码可以吸引人才，股权激励和分红比起单纯的工资待遇当然要有更大的吸引力。除了吸引人才还能留住人才，高薪水能把人留下来，但合伙制度则能把员工的心留下来，合力成就企业共担、共创、共赢、共享的大事业。

5. 使开创事业成为可能

企业的雇佣制度只有企业本身这一个平台，公司所有的员工都在这个平台上工作实践，为这一个平台创造价值。而合伙制却能够拓展出无数个小平台，不怕没机会，只要有本事，任何人都可以搭建自己的平台开创事业。

6. 合伙制可以扩大资金来源，增加合伙企业的信用能力

一个企业的血液就是资金，只有资金来源充裕，才能为后面留住人才，加购设备，占领市场甚至为上市打下基础。合伙制的出现，让企业有了更多的资金来源，多一个合伙人就多一个出资人。因为合力共赢，使企业信用能力大大增强。

除了上面这些特征和优势之外，还要知道合伙制的缺点：

（1）合伙制不是法人制，是基于共同的出资设立和进行的，所以产权转让比较困难。

（2）合伙人是利益共享，风险共担，所以要承担无限责任，这一点对于合伙人来说是个不容忽视的压力。

（3）因为合伙人不像雇佣企业一人说了算，再加上合伙人由于经营过程中的不确定性会有变动，很可能使机制混乱，让企业无法长久走下去。

（4）合伙企业因为是两人或两人以上的自然人，尤其再大一些的

合伙企业人员多，内部容易出现分歧。合伙人意见不一致很容易影响企业决策，乃至影响未来的发展计划。

所以，企业需要清醒地认识合伙制的优缺点，根据企业自身的特点来判断是否采用合伙制，思考如何更有效地规避其缺陷、发挥其优势。

二、适合搞合伙制的时机与条件

合伙制的强大与优势已经有目共睹，但合伙制也不是万能的，只有适合的企业才是好的。有些企业不顾自身实际情况，一上来就搞合伙制，这样往往会使企业处于被动和效果不佳的境地。换句话说，并不是任何时候、任何公司都适合搞合伙制。合伙制企业在目标、对象、模式和资金来源等方面都各有自身的特点。因此，要想实行合伙制是有条件的，必须结合企业实际情况才行。有些企业的问题并非合伙制可以解决，如果盲目实行合伙制反而会适得其反。

合伙制最核心要解决的两个问题，一是缺资金，二是缺人才。如果仅仅是缺钱，那么找天使投资人进行融资要比合伙人融资更好。如果是想找人才，找到跟自己互补的人，那么最好找合伙人。至于合伙人是不是有必要发展成为股东合伙人，则首先要看加盟人的意愿，其次是在完成了初步磨合并证明彼此能够被对方需要之后再做决定。

为什么说合伙制的时代和条件很重要，因为合伙人也有无法解决的问题。合伙人能够解决由于薪酬福利缺乏竞争性而导致的人才不足的问题，并且能够使薪酬变得更加有弹性，降低了刚性成本。另外，合伙制除带给人才、钱还能给他们事业，解决了激励方式单一的问题，并且超出了打工的概念。但合伙制也有不能解决的问题，如无法解决发起人人格不足，导致创业团队一盘散沙的原生问题。此外，不是所有的人都能认同合伙制的管理理念。时间长了，会出现内斗与内耗。

那么，选择合伙制的时机要注意哪些呢？

（1）企业发展的阶段性很关键，如果不是初创或转型期的企业，最好不要合伙，尤其是正处于发展和上升期的企业，经营管理比较稳定不需要轻易合伙。由此可见，处于初创期企业或者战略转型期的企业最适合实行合伙制，因为这阶段的企业正面对各类资源紧缺，或授权风险，在自主创新、主动协同等方面也很弱，急需建立一种可在短期内发挥作用的激励体制，以此来匹配企业的需求。

（2）如果是创新型的企业还要看这些知识与创新能力是否掌握在个人手中，如果掌握在个人手中，则合伙的意义大；如果知识在生产线上或者已经成为简单程序且具有重复性，就没有合伙的必要。比如，富士康的创新知识都在生产线上，工人只需按照工作规程进行即可，这些工人不需要创新，也不需要独特的创造力，所以没有合伙的必要。相反，如果企业需要不断的创新和发展，这样的企业实行合伙制相对成功的可能性更大。企业可以让拥有知识和创新性的核心员工通过有限合伙对企业进行间接持股，如此不但突破了传统的雇佣关系，还能激发创新精神。

（3）如果企业的股权只集中在老板或几个高层管理者手里，中层、基层股权很少甚至没有股权，这样的企业不适宜采取合伙制。因为，涉及股权分配的时候由于股权太过集中很难与中层和基层达成共识。原本持有大量股权的人不太愿意放弃剩余股权，而其他优秀的员工希望得到一部分股权，这样一来，就会有分歧不好协调。所以，只有股东与合伙人的利益是一致的采取合伙制才是有效的。比如万科集团，虽然股权结构高度分散，但是在经营层面，管理者却很好地控制了集团，所以万科的控股权是稳定的，那么就适合实行合伙制。

（4）重资产企业不适合合伙制，反而是轻资产的企业合伙更容易操作。在科学技术突飞猛进的当代，重资产已经渐成"奢侈品"。而企业的人员规模未必大，但企业的资产规模却未必小的轻资产企业更受追捧。公司员工的经验、管理流程与制度、掌握的专利技术、握有的资源关系、企业的品牌文化等，都是轻资产的一部分。轻资产还有一个好处，企业不再依赖固定资产取胜，而是通过建立良好的管理平台，采取合伙制的时候在自然资源和厂房等硬件的有形资产很少，大部分都是轻型资产。相比重资产型企业，轻资产型企业在合伙人入股价格方面比较低，但却同样能获得增值利润，每股收益或许会更高。

除了上面我们分析的四种适合实施合伙制的企业之外，合伙制对于合伙的人也有一些条件和要求：

1. 合伙人要对合伙的事业有认可

一般合伙人的选择或者有合伙意向的人往往更看重具有发展潜力的热门行业。即使不是什么热门行业，但加盟者有过相关行业经验并希望继续在这一行发光发热的人。比如马云当年说服十八罗汉凭的不单是口才，还有他本身极具前瞻性的眼光和洞察力，能预见未来互联网的发展趋势，会给合伙人带来丰厚的回报，这样才使别人愿意追随他去从事这项全新的事业。比如俞敏鸿能够说服自己的同学放弃美国的工作和生活，加盟新东方，他们都是在教育行业有过工作经验，所以继续回来做与教育投资有关的事情，肯定会轻车熟路，有胜算。

所以，对于合伙的发起人而言，对事业要认可，要么是前景好的行业，要么是能够有足够大的想象空间，这样才可以吸引人才。

2. 对合伙的团队或发起人的认可

如果把事业和未来发展前景描绘成花儿，但加盟者对这个团队或创始人不认可，也不可能合伙成功。团队在一起共担、共创、共享成功的果实，如果没有强大的人格魅力这件事是不太好办的。所以，团队的文化以及每个人的价值观都是非常重要的条件。因其在初创之时，能被加盟者认可的人和团队才有可能吸引人来加盟。

3. 对合伙时机的认可

前面我们提到合伙人加盟一个企业一般都是初创企业或创新企业，如果是太过初创，还没有形成基本的商业模式，如果还在试错阶段的话，这些就不是恰当的时机。这个时候往往不会得到合伙人的认可，因为谁也不愿是接盘侠，也不愿意在一个什么都没有的公司里付出青春。另外，如果已经到了一个非常成熟阶段的企业，合伙人也不是很认可，因为这一阶段的企业缺乏合伙人制赖以生存的环境，就算推行合伙人制，多半也会因为内部的旧势力与利益群体的阻碍导致合伙人制无疾而终。

三、合伙能久远，人品和价值观最重要

在合伙共事上，有一个观点大众都认可：凡立场相同而又互相亲密，大家都可成功；凡是欲望相同而关系疏远的，事后只能有部分人得利；凡是恶习相同而关系又密切的，必然一同受害；凡是恶习相同而关系疏远的，一定是部分人先受到损害。因此，想要彼此共利益，就要先建立好关系；如果会彼此有损害，就要疏远关系。这都是合伙制在合伙之前要考察彼此异同的原因。

合伙是否能顺利，走得是否久远，双方的人品和价值观最重要。人品，是合伙人真正的最高学历，是合伙人能力施展的基础，是当今社会稀缺而珍贵的品质标签。合伙人人品大于能力，如果一个合伙人能力非常强而人品不过关，往往在后期因为自己的能力和付出会出现更多的不满和苛求，反而不利于合伙。反之，如果一个人的人品好，在利益上不会过分计较或者以一己之私不顾对方，更容易建立合作共赢的关系。所以，好人品已成为现代合伙人成功人生的坚实根基！先有了人品的初选，另一点就是要考察价值观是否匹配。

一个人的价值观往往决定他的行为和未来，因此也会决定和影响其他合伙人的理念和追求，价值观不同对一件事物的看法就会不同，导致结果也不相同，所以，选择合伙人的时候也需要寻找价值观相同的人。价值观是在人的一定思维感官之上而作出的认知、理解、判断或抉择，是一个人认定事物、辩别是非的一种思维或取向，体现着人、事、物的价值或作用。合伙人是否彼此认同，体现了对公司所做事情的认同，以及对初创者本人的认同。合伙人之间有共同的价值观和认同感，在未来创业过程中如果遇到问题，就可以一起努力克服苦难。价值观趋同，可以衍生出包容和信任，有利于稳固合作关系的建立。在合伙这件事上，价值观相同表现在哪几个方面呢？

1. 创业意识方面的价值观

合伙意味着是双方变成一个利益共同体，需要有创业的精神和默契。创业精神包括：

（1）自我洞察的能力，比如能够进行自我调整和管理并且与其他合伙人互补产生新的力量推动企业成功。

（2）自信心和胆识。一个人要有勇有谋才能成大事，所以合伙人也需要对自己有自信，并且有胆识。企业难免会有挫折，也会面临失败，如果几次小的失败就把人的信心打垮，那还怎么能够重新出发。

2. 看待问题的价值观

合伙人是那种看着各不相同，但却能把心思用在一处，目标看向一处，力量使向一处的状态。很多合伙人团队创业的时候都在强调一致性，就是指目标和方向一致，这是一个必要前提。看待问题的价值观如果不一致，那么一个团队就会有不同的声音，那样对企业的运营非常不利。比如，常见有人抱怨他的合伙人："他的人品很好，做事也兢兢业业，可就是不知道为什么，我们的想法总是不合拍，无法达成一致。"这种状态就会既不想散伙，合作起来又很别扭。其实，这种情况之所以会出现，正是两人价值观不同导致的。合伙人要对企业的价值观坚持一致，如杜邦公司的价值观是"安全"；肯德基的价值观是创新；万科的价值观是"服务好客户"。当大家对自己合伙的企业的价值观保持高度一致的话，就是一种看问题的价值观。

只有拥有相近或相似价值观的合作伙伴，才能产生共同的认识和追求，才能对创业态度、公司愿景有高度的默契，合作起来才能如鱼得水；如果价值观差得太远，遇到困难时就很难一起走下去，危机也无法得到解决，店铺就会走向衰亡。

有家公司花了很多时间去跟踪几百家世界有名的大企业，发现它们有一个共同特点就是价值观非常统一，他们都做到了：人的价值高于物的价值、共同价值高于个人价值、社会价值高于利润价值、用户价值高于生产价值。

合伙想要长久，除了人品和价值观的考量之外，共同的愿景也是关键的一环。创业的道路荆棘遍地，充满未知的恐惧与无望的孤独，需要团队的合作与鼓舞，而合伙人就是创业道路上最佳的伴侣。选好一个合适的合伙人，既关乎创业时期的精神状态，也关乎公司未来的发展走向。

当你和你的合作伙伴开始创业之旅时，一定得对公司的目标和未来有着相同的愿景。共同建立一个很可能成功的创业公司是一件激动人心的事，但必须花点时间，尽早为公司打下一个理念基础，防止未来可能会出现的急剧衰退。同样，对于创业者来说，找合伙人就像是找对象，最主要的还是要合适。只有互相认可，才能共同开创事业。如果价值观、信任度等都不同，对企业的发展愿景、商业模式等就无法理解一致，也就不能做到劲往一处使。

合伙是否能走得更远，合得更久，最重要的不是把资产和能力放在一起，而是把"心"放在一起。出钱和出力的组合往往是简单组合，结构松散不太牢靠。心在一起才是有难不乱、有利不散的粘合剂。这份心包括了对事业发展目标的认同，对经营、管理原则的主张相近，对权利分配方式的认可。尤其是创业初期没有太多资金和背景，也没有太多人脉的情况下，合心更有价值。合心能够产生一腔热血与对事业的执着追求，需要的是这份"心"背后的人品，能够体现出对合伙伙伴的理解、包容、支持与信任，不因为一点小小的困难而抱怨、指责，甚至是动不动就喊着要散伙。合伙人既要做到同舟共济，也要做到雪中送炭。

有了心、有了人品就能解决合伙团队价值观的问题，就会生出工作动力、职业愿景，以及为一件事愿意投入多少，等等。所以，在选择合伙人时，创业者要在人品上下功夫，要选出与创业公司价值观最匹配的人，然后再考虑资金与能力。

四、如何判断谁是最对的合伙人

对于一个好的合伙人，有人是这样形容的，合伙人之间的关系能够"背靠背"，将后背交给合作伙伴，后方的敌人由他们去打败。同样，合伙人也相信你能够将前方处理好，让整个公司能够很好地运营下去。

人们可能会羡慕新东方的成功，会感叹阿里巴巴的神奇，会惊叹于小米的爆发力，他们之所以会成为行业的领袖企业，跟他们的合伙模式以及合伙人脱不了关系。对于初创团队而言，合伙人比商业模式重要得多。那么，如何判断谁才是最对的合伙人呢？

1. 富有创业精神

找合伙人，首先应该有创业精神。有的人资源不是很丰富，能力不是很超强，虽然短期内无法实现独立创业，但他渴望创业，希望摆脱给人"打工"的状态，这样的人就是具备创业精神的人。放眼望去，很多投资人在对一个企业投资的时候，往往"投人"大于"投项目"。而在投人的时候，重点考量的就是这个人的创业精神，就像演员罗宾威廉姆斯说过，"这个人不知道是谁，这个人显然是一个奋斗者"。比如，你能否找到马云做合伙人是非常重要的，因为马云从一开始就具备了普通人不具备的创业精神。

2. 学习能力

学习能力是每个人一生都该拥有的能力，对于创业者来说更是一项重要的能力。不优秀的人只要会学习也会慢慢变得优秀，但自恃清高不爱学习的人则会被自己的自大与高傲打败。就像乔布斯说的那样，"手机的研发团队中，需要具有创造性的人才，如果这个人不够聪明、不善于学习是很难完成这项工作的"。不但是手机这样研究型的企业，任何企业都有不如人的一面，如果合伙人不能学习别人的长处是无法进步和成长的。有一本叫作《合伙人》的书中讲，一位顶级人寿保险推销员的绩效比一般推销员高 3 倍，而出色的软件开发者或咨询顾问的绩效比他们的同级高出 12 倍。这个佼佼者最大的秘诀就是善于学习、不断学习。

3. 开放和合作的心态

可能有人要说了，合伙人当然会有合作的心态了。其实不然，有很多人比较喜欢较真，对不符合自己心意的人或事缺乏开放包容的心态。这样的人要么心胸不够宽广，要么目光比较短浅，最容易看到自己的长处看不到别人的长处。另外，合伙人必须在发生问题之前懂得问自己有没有责任，有没有补救措施，而不是推责任或相互推诿。开放合作的心态就是对自己和别人最大的信任和尊重，有承担风险和责任的能力和意识。此外，合伙人还要能自我激励、自我驱动。同样一件事情，用打工的心态和用创业的心态做，效果完全不一样。

4. 先要利益再讲情谊

很多合伙人是好朋友、好同学、好兄弟，所以在利益分配上觉得先讲兄弟情意，然后再讲共同利益。这样的合伙是危险的，不符合"亲兄弟明算账"的原则。对于合伙企业来说，"先讲利益再讲情谊"原则是非常好的一个原则。合伙企业不是幻想，也不仅仅依靠理想，而是切实有了利益才能谈诗和远方，这样的合伙人制度才能长久。

5. 合伙人之间能够互相取长补短

没有哪个人会只有长板而没有短板，合伙人之所以选择合伙，在书的开头我们就讲了，需要取别人之长补己之短。所以，合伙人之间取长补短才能把事业做强做大。在一个团队中，我们需要找准各自的定位，每个人将自己擅长的发挥到极致，强强联合，明确分工，互不干扰，大家都有自己的空间，自由发挥，这样公司才会逐渐强大。

　　总之，创业做生意，最好的合伙人不仅是一个能为你提供资金、技术、安全感或其他方面支持的人，更重要的是，他应该是一个能让你信任、尊敬并与之同甘共苦的人，是一个与你具有共同的发展目标和价值观念的人，是一个能与你的才能、性格等方面形成互补的人，这才是你所需要的理想合伙人，一旦遇到了，就千万不要错过。

五、什么样的人不能成为合伙人

　　合伙人一旦按照协议规定之后，就意味着在相当长的时间内能全职投入预期的人，因为创业公司的价值是经过公司所有合伙人一起努力一个相当长的时间后才能实现的。因此，如果选择不慎中途退出或由于其他原因不得不开除某人，会对整个公司的发展造成一些不利的影响。所以，除了前面我们讲的如何选择对的合伙人之外，还要搞清楚什么样的人不能成为合伙人。

　　要搞明白一个事情，合伙制虽然是定于两个或两个以上的人共同合伙，但两人合伙是最复杂的合伙制。看似百分百的股权只需要一刀切，但难在后续的运营过程两个人意见不统一的时候，很难说服对方。不像三个人，五个人，或更多的人合伙，当有意见分歧的时候可以遵循少数服从多数的原则。两个人的合伙散伙的概率要远远高于多人合伙，所以在选合伙人的时候这一条要谨记，不到万不得已不要两人合伙。除了两个人的合伙状态要警惕和规避之外，其他一些情况也不能成为合伙人，都有哪些呢？

1. 贵人不一定是合伙人

每个企业初创时期都会得到"贵人"的相助，比如有人提供钱，有人提供客户，或者提供场地、厂房的人都可以归为贵人行列。很多创业者对这样的贵人心存感激，往往头脑一热或感情用事会用股权来承诺给对方，甚至把对方当成合伙人。这样往往会埋下隐患，不是说所有的"贵人"都不适合当合伙人，而是企业的创始人要搞明白，创业是需要整个团队长期投入时间和精力去实现的，不是一朝一夕，也不是一件事就能搞定的。

仅仅是前期给予了一些资源的支持，但不一定能够全职参与，这样就不应该成为合伙人。对别人提供的资源感谢与回报是应该的，但不应该用股权这种方式。如果经过长期共事，发现这个人确实想创业，也符合创业团队的需要，那时候再邀请入伙给股份不迟。

2. 天使投资人不一定是合伙人

很多天使投资人在寻找初创企业的时候，愿意用真金白银买股权，只出钱不出力。这样做也有很大的风险和隐患。尽量避免给投资人过多的股权，可以实行不同人不同股份的原则，天使投资人的股份要低于合伙人更好。

比如有一个案例是这样的：有一个创业者创立了一家装修公司，当时三个合伙人凑了 49 万元，碰到一个天使投资人出资 51 万元，顺理成章的是，大家按照各自出资比例，就高效地把股权给分了，创始人和他的另外两个小伙伴总共占股 49%，天使投资人占股 51%。最初两年还算没有什么大的问题，但是后来创始人想扩大公司经营规模的时候，天使投资人从来不干涉也不参与经营。可是后来他们发现这样的股权分配不合理，尤其是当他们想引进外部的投资人，但很多人做完尽调报告后发现他们的股权结构不好，都敬而远之。原来别人都担心那个占比 51% 的天使投资人从来不参与公司的经营事项，随时有翻盘的危险。

所以，天使投资人不是完全不能当合伙人，但要根据他们的要求来做合理的分配。如果投资人只出钱，不出力，所以他们要多出钱，出高价钱买股权。创始人既出钱（少量钱），又出力，关键是出力，所以用自己的心血与汗水换来便宜的股权。因此，天使投资人购买股票的价格应当比合伙人高，不出力的投资人不应当按照合伙人标准的低价获取股权。

3. 兼职的人不一定是合伙人

随着互联网的发展，很多 IT 高手或技术大牛会在本身工作之外还会兼职多家公司。有的企业想要留住这种技术人才，于是用股权的方式来把其当成合伙人。这也是一个存在风险和隐患的事情。因为是兼职的技术人才，他不像专职的人员那样对企业的发展进行全心投入，所以，给予股权有时候会得不偿失。

对于这样的技术人才，不全职参与的人最好的回报是外包，比如做到什么程度，拿出什么产品或软件开发到什么程度，给多少钱，一把一清最科学合理；另外，可以按照公司外部顾问标准发放少量股权，这个股权来源于期权池，而不是按照合伙人的标准配备大量股权，造成后期工作的被动。

4. 没有沉淀下来的骨干员工不一定是合伙人

很多创始人觉得公司有几个干活卖力的员工，于是就想把这些眼中的"骨干"吸纳为合伙人，以股权的形式给予他们回报。但这未必是一件好事，因为骨干员工还没有完全认同企业价值或没有完全沉淀下来的时候，并不会对公司给予的股权产生认同，他们反而会认为是公司不愿意多给工资，而用股权这件事来给自己画饼。

实际上，在创业早期对普通员工过早发放股权，也会造成公司股权激励成本很高。如果在公司的中后期给员工发放激励股权，公司发展前景看好，很可能5%股权可以解决100人的激励问题，而且激励效果显著。再者，早期员工流动性也大，股权管理很麻烦，成本也很高。这是创始人需要注意的。另外，创业期的普通员工也不能发放股权。

很多创业者以为创业就是赚钱分钱，往往不加甄别就寻找合伙人，就拉人入伙给股权，其实很多人没到赚钱分钱的时候就散伙分道扬镳了。散伙的原因当然很多，但是最核心的问题还是股权架构的不合理，人员选择的不对。

最后引用网上人们常说的观点，在创业选择合伙人时千万要慎之又慎，不能因为小钱选择与这样的人合伙：

（1）私欲太重，他们看不见别人的付出，只在意自己的结果。

（2）没有使命感，只以赚钱为目的，充满了铜臭的贪婪。

（3）没有人情味，自私贪婪，在一起会不快乐。

（4）负面消极，他们会吸干你的正能量。

（5）没有人生原则。

六、如何衡量合伙人贡献的价值

合伙人不像别的，是一个靠贡献的大小来取得股权的合作方案，所以，每一个合伙人的每一项付出都是可以用价值来考量的。按照合伙人扮演角色的重要性，和各个项目的完成度，企业可以重新协商股权分配比例。按照实际情况进行利益调整，这样一来，不仅让贡献度大的合伙人能得到应有的奖励，还能以此为动力，激励那些无所事事的合伙人，从而减少矛盾的产生。

在衡量合伙贡献的价值时可以制定相关的衡量指标。比如谁让企业得到进一步发展，谁提供了项目启动资金，谁贡献的时间最多，谁提出了战略性的策略、谁提供了产品的构思等问题。将这些问题一一列出来，制成一张表格，每个问题给出相应的分值，最后总结所有问题的分值，得分数最高的就是对企业贡献度最大的。按照这样的判定方法，结果显而易见且更加有说服力。衡量标准不仅涉及职位、职责还应该包括绩效、想法创新等多方面因素，从而制定一个合理的、能说服众人的衡量指标。具体从哪些方面来设置考量标准呢？

1. 衡量合伙人的工作时间

由于合伙人从原来的必须早九晚五的雇佣制变成弹性灵活的合伙

制，所以时间可以较之以前自由了许多。考虑到合伙人失去的机会成本，根据原来同类工作的工资水平然后结合市场薪资水平，合伙人之间商定每个合伙人应得的薪资水平。可以采用 2 倍理论计算价值。也就是说，可以不按月领工资，按日领工资，甚至精确到半日，按市场工资的 2 倍发放工资。合伙人一个月如果来上五天班，则可以领 10 天的工资。时间上有了弹性和自由，对于合伙人来说会有更大的创造力，不像雇佣时代累了、效率低也上班，但一旦来到公司就要讲究高效饱和，确保创业合伙人工作时间都有实实在在的价值。还有一种情况是，如果创始人在开始创业的时候，按照市场行情应该每月 1.5 万元，但因前期比较困难，只拿五千元，那么剩下的一万元就属于这个合伙人对公司的"投资"。当然，所有的合伙人都是如此，大家的投资汇在一起就是"总投资"。每个人的"投资"与"总投资"之间就会有一个百分比，而这些百分比正是公司发放股权的参考依据。

2. 衡量合伙人投入的现金

现金流作为企业的运转的因素，是非常重要的一环，投入的人要承担较高的风险。所以，合伙人投入的现金应该按照 4 倍理论计算价值。如果合伙人又领取工资，又投入现金，则领取工资的部分按照 2 倍，多投入的现金才按照 4 倍。合伙企业最好不要预留大量闲置现金，刚刚够花则好。比如，购买设备或支付人员工资的时候，由合伙人即时支付是个不错的方式，付完马上作为其投入的现金计算理论价值。按需投入现金，公司就是零闲置现金。如果公司需要特定的物资，如电脑、手机等设备，合伙人特意购买视同投入的现金，按照市价或者转售价直接计入。

3. 衡量合伙人投入的办公场地

不论多大的企业肯定需要办公场地，小则需要办公场地，大的话还需要厂房或仓库。如果前期没有的话，就得出一笔不小的费用来租用。如果这个时候有合伙人能够提供场地，相当于提供了这部分的财务开支。公司应该给但未给这部分财务开支就是合伙人的"投资"折算。当然，这个场地必须是使用范围内的，如果是多余的、空闲的场地则没有带来相应的价值，比如本身需要五十平米就够，但合伙人提供了三百平米，多余的部分没有实际利用价值。

4. 衡量合伙人投入的创意或成熟的商业点子

很多时候，一个好的创意或商业点子能够给企业带来很多收益。如果合伙人提出一个可执行的创意或经过反复思考与研究，提出的这个创意能够形成较为成熟的商业方案，或者已经落实的商业方案，都属于创意上的贡献，可以进行估值。

5. 衡量合伙人投入的知识产权或专利技术

一个人的知识或专利技术属于无形资产，对于企业发展有着至关重要的作用。合伙人如果提供了这样的知识产权或专利技术，就应该参考市场价值作为对公司的投资。即使合伙人仅仅是对知识产权或专利技术是授权使用而不是转让，那么许可使用费也可以看作是一种贡献。所以，可以按照公司应该给但未给的费用来进行价值估算。

6. 衡量合伙人投入的人脉资源

人脉资源是一个企业发展壮大必不可少的资源。因为无论是销售还是融资都会用到人脉关系，很多大佬级别的人多数都靠圈子和人脉实现了跃迁。如果有的合伙人正好有这样的资源，能够为公司节约很多拓展人脉关系所需的成本。人脉资源需要根据实际带来的收益估算，比如，如果合伙人的人际关系为企业打开了产品销量，企业应给予一定的提成，该给却未给的提成可视为合伙人对企业的投入；如果为企业实现了融资目标，企业应支付一定的佣金，该给却未给的可视为合伙人对企业的贡献。当然，企业也可根据自身的情况考虑，究竟是用现金还是用股权来进行回报。

总之，对于创业合伙企业来说，衡量合伙人贡献的价值大部分是从合伙人向公司"投资"的资源来进行的。只要是企业发展运营所需要的，企业又不能及时用现金或其他立刻回报的，都应该估算成价值，最后以股权或其他方式进行回报。

七、丑话说在前，合伙之前先谈散伙

对于合伙企业来说，好聚好散是团队最希望看到的局面，甚至从合伙开始大家都觉得谈散伙不吉利，应该抱着最大的希望去赚钱，而不去想散伙的事。事实上，合伙容易散火难，在企业发展壮大的过程中，由于各种原因，部分合伙人也会选择中途退出。如果前期不先谈好散伙，会让企业在发展的过程中遭受一定的麻烦。对于合伙人可能会因为利益关系或其他问题而选择终止合伙关系，退出公司。为了给合伙人及投资人自由选择的机会，也为了公司的正常发展，在合伙之前最好先谈好散伙事宜，先小人后君子，丑话说在前比后面翻脸要好得多。

我们看一个这方面的案例：

创始人 A 获得公司控制权后，决策效率大幅提高，公司业绩高速增长，合伙人 B 心服口服。可是，某天 B 突然提出离职，说看到一个新机会，决定再次创业。A 不同意 B 的离职请求，认为 B 是合伙人，不能说撂挑子就撂挑子。于是 A 非常生气要求 B 将股份还回来，B 也非常生气，说《公司法》没有规定离职必须退股，并且之前也没有书面约定，这股肯定不退。于是本来关系很好的两个人，一个要求退股，一个坚决不退，导致谁都无心管理公司。所以，散伙谈不好的话，真到了散伙的时候就出现矛盾了。这个问题的本质是，A 和 B 在没有想好如何散伙之前，就冒然开始了合伙。股权只能给予，却不能收回，给公司经营造成巨大风险。所以，先签散伙协议，再签合伙协议。

"得到"的创始人罗振宇和他人合伙就是从合伙开始的那天立下过"散伙协议"。他们三人约定，无论任何原因，你不能在这家公司全力以赴了，或者另外两人举手说你对公司已经没有价值了，那么不好意思，你需要无条件退出公司，股份交出来，由另外两个人进行分配。

所以，在制定散伙协议的时候要遵循以下几点：

1. 设好合伙的心理预期

合伙人的目标都是依靠未来公司上市的股票价值，但事先要明确，股票是否值钱是合伙人共同努力的结果，如果有人中途离开或放弃，股票有可能会一文值。所以，当有人不想继续在同一条船上互相帮助和创造价值的时候，就要交出股权。如果合伙之前大家都同意这么做就合伙，否则就不能合伙。这就是合伙之前的心理预期，一般合伙之前大家都会同意，反而是到后面有了利益的时候不容易做到，所以提前设定心理预期很靠谱。

2. 给出股份的时候要慎重

退出股份伤感情的原因是在给出股份的时候太大方，导致合伙人感觉拿到了很大利益，让其忽然退出来肯定不顺利。所以在给出股份的时候可以约定，合伙的股权在一年内由创始股东代持，或者分四年根据合伙的贡献，逐步兑现。比如，企业在第一年为合伙人兑现10%，第二年兑现20%，第三年兑现30%，最后一年兑现40%。

总之，合伙的时间越长，企业兑现的金额也就越大。这种模式就要求合伙人必须先干满一年，之后才能每月获得股权红利。这种按月进行股权激励的政策，会使员工的工作热情高涨，从而使其全身心地投入到工作中。

3. 用打折价回购退出者的股权

如果合伙人出于种种原因要中途退出，那么散伙协议之前要规定，公司回购他的全部或部分股权，但是为了本着对继续战斗者的利益维护，回购股权要用折扣价或溢价来回购。这样，既认可了中途退出者过去的努力，又把未来的价值，留给了继续战斗的合伙人。另外，如果离职者拒不退股，可以根据散伙协议规定进行罚款。可以在"散伙协议"里，预先签署高额违约金的条款，保证执行。

合伙想要成功并且久远，除了先要明确散伙协议之外，还要共同坚守几个关键：

1. 共同遵循合伙制精神

这个世界上所有的营销和管理都不是靠一套规则来执行的，大部分靠的是人性。所以，要掌握真正的内功，必须深谙人性。人性是用来成就的，不是用来控制的，一定要去释放人性、解放人性，这是关键。合伙精神来自三个方面，行为、思维和心智，如果合伙人都能让自己的思维模式改变一点点，心智模式成熟一点点，行为模式就会发生大幅度的改变。所以，合伙制精神就是从自己先改变和提升，然后去要求对方或影响对方。

2. 把合伙人培养成人才

如果说人性的弱点是害怕别人比自己强，那么合伙制却一定要让对方比自己强才行。当你的团队里都是实力派，你的企业不用说也是非常厉害的。合伙制的本质是彼此欣赏，彼此成就。如果没有这种心态和胸怀，就不要去实施合伙制。比如，在没有实施合伙制之前，企业管理者总是向员工喊口号，大家一起把公司做好，公司做好之后你们就跟着变好。实施了合伙制之后，这句话就要反过来讲，你们要变得更好，你们变得更好之后公司才能跟着你们一起好。如果这个逻辑思维不转变，我们是没办法实施合伙制的。所以，我们现在帮助公司存在的目的和使命，就是帮助每一位员工变得更好，让员工的成功支持公司的成功。

3. 在合适的时机建立合伙制度

有很多人听说合伙很好，不顾自己企业的进程和现状就设计合伙制度。一般企业从初创到发展再到成熟需要有一个过程，比如刚开始只是摸索阶段不宜急着合伙。这样做，合伙人能看到平台已经成熟，也更加有信心做得更好，也能看到自己如果付出会有回报。

4. 不要谈兄论弟，要遵守契约文化

合伙制虽然大部分是熟人建立起来的，但不能喊大哥叫老弟。如果是这样的状态，企业管理中无形中就形成一种攀亲道故的气氛，将会阻碍企业管理者日常的管理工作，导致团队的规章制度形同虚设。如果我们运行合伙人制度，事情就简单多了，企业和员工不仅是工作关系，还是契约合同关系，公事公办，合伙人制度没有机会再混水摸鱼，投机取巧。

八、合伙人制度的几种模式

前面我们讲过，合伙人最终实现的是风险共担，利益共享，所以，合伙人制度在共享方面也有不同的模式，下面我们参考一下常见的几种模式。

1. 分红模式

合伙制的分红模式不像传统的雇佣制度，一般不是按工资＋提成＋奖金＋福利，这样的分红模式决定权在老板手里，无论是工资还是提成或奖金福利，员工自己看不到，给多少算多少，定价权在雇佣者手里。而合伙制的分红模式是按企业业绩来进行的，超过业绩的增量利润按比例分红，无论是四六还是三七（受地域不同，可设定不同），如此员工觉得利润和自己是有关系的，是和自己的收入挂钩的，所以会更加卖力。如果分红是按岗位的贡献度进行的二次分配连最基层都有份，那么会更加调动员工的积极性。

比如永辉采用的就是分红模式。永辉超市的门店合伙人制度主要面向一线的店长、员工。2014年全面实施合伙人制度后，永辉员工人均工资从2309元增加到2623元，增幅达14%；日均人效从1610元提高到1918元，升幅达19%；与此形成对比的则是离职率的下降，从6.83%降低到4.37%。

永辉超市门店合伙人制度的核心指标：

（1）门店销售达成率≥100%，利润总额达成率≥100%。

（2）门店奖金＝门店利润总额超额/减亏部分×30%。

（3）门店利润总额超额/减亏部分＝实际值/目标值。

（4）奖金设计：人员奖金＝职级份数×分配系数×出勤系数。

（5）约束指标1：门店奖金上限30万元。

（6）约束指标2：各职级奖金不同。

永辉超市门店合伙人制度的奖金分配：

（1）店长与店长助理——门店奖金×8%。

（2）经理级——门店奖金×9%。

（3）课长级——门店奖金×13%。

（4）员工级——门店奖金×70%。

2. 虚拟股模式

虚拟股顾名思义就是不属于真正的公司股份，但和上市公司的那种股份分红模式相似。虚拟股并不是真正的企业股份，而是一种享有企业分红权的凭证，拥有分红权和资产增值收益权，但没有所有权和表决权。成为企业合伙人的员工被授予虚拟股份或者出资认购虚拟股份，就可以分享企业的利润。企业多盈利自己多分红，少盈利自己就少分红，企业不盈利自己就无法得到分红。所以，握有虚拟股份的员工不再认为干活是给老板干，而是给自己干。经典代表是华为的虚拟股。华为全球员工超过 17 万人，近半数成为企业合伙人，拥有华为98.99% 的股份，由"工会委员会"作为持股平台统一管理。工会委员会为 LP，任正非为 GP。工会持股平台上选出 51 个员工代表，并在此基础上推选出"华为投资控股有限公司"。

3. 期权实股

前面说的虚拟股是不上市的股，但如果公司一旦上市，给员工分配的股份就是实股。一般公司上市以后会设有期权池，或者通过增值扩股的方式扩大公司股份数，或者有的老板把自己的股份拿出来分给员工。比如奇虎 360 公司董事长周鸿伟，拿出自己 10% 的股份分给合伙人。

4. 项目跟投

是指公司有一个比较有前景的项目，可以动员公司的员工来跟投。公司有实力，公司的经营有实力，这种跟投往往成功概率很大，反之亦然。最著名的就是万科的项目跟投。公司管理层和项目管理人员强制跟投，总的跟投比例不超过 3%，没有钱可以找公司帮助解决，其他的普通员工和供应商都可跟投。这样一来，费用减少了，效率提高了。后来，碧桂园也采取这种模式，干得热火朝天，碧桂园市值一路暴涨，高峰期超过 5000 亿，超过万科，都是依靠这种模式达到的。

5. 门店加盟

门店加盟也可以称为连锁经营，很多的行业都是需要线下门店的，都有连锁系统。现在渐渐从之前的直营模式变成了员工合伙企业。

海澜之家是典型的SPA——自由商标服装专营店企业，拥有自己的原创品牌，并实现自产自销。海澜之家将从生产到销售的整个流程都进行统一管理，以减少中间环节，降低成本，让利于用户。

在销售渠道上，海澜之家采用特殊经营方式，投资200万元便可启动一家门店（其中100万元是押金，五年后归还），成为海澜之家旗下的"自己人"。海澜之家要对加盟店进行全面标准化管理，从门店选址，到货品投放，再到经营管理等。加盟商只负责与当地工商税务机构联络，处理报税等事务即可。除了向每家门店复制标准化信息系统外，还向每家门店开放了系统查询账户，加盟商可以随时了解自己所加盟的店的经营情况。每天下班后，门店经理会向加盟商汇报当日销售额，并将30%的销售金额汇入加盟商账户，作为投资回报。

6. 阿米巴经营

阿米巴模式的核心其实是合伙制模式，把公司分成独立核算的模块，按照虚拟公司运作，或者按内部业务交易模式运作。比如生产、物流、销售、人力资源等，都可以成为独立核算的经营单位，在内部形成了交易链，每个独立核算单位的绩效收入上不封顶。为了多挣利润，都会自动加班加点，保证质量，保证完成任务目标。

阿米巴实行分权制，比如，通过划分组织，量化分权，权力下放，来培养员工具备老板的意识，让员工自己去经营这个小团队，拥有绝对的经营权，透明化经营的手段，而老板通过了解每个组织的经营会计报表就能了解企业的运营情况，哪个团队亏损了，哪个团队战略错了，都能在报表上一一体现！

那些与业务密切相关的权限，那些总部想管也因远离市场无法管好的权限，都应适度下放给阿米巴组织。也就是说，站在公司总部的角度，除了必要的决策权、职能管理权、监督权之外，其他权限能授予的一定要授予出去。比如人事权限、财务权限、业务权限等。

随着时代的进化，合伙制的不断演变与发展，可能还会出现更多新的模式，未来让我们不断发掘与探索。

第三章

从合伙到股权合伙类型的选择

一、合伙制与公司制的区别

合伙制企业是指由各合伙人订立合伙协议，共同出资，共同经营，共享收益，共担风险，并对企业债务承担无限连带责任的营利性组织。公司制企业是股东依照《公司法》的规定，以出资方式设立，并以其认缴的出资额或所认购的股份为限对公司承担责任，公司以其全部独立法人财产对公司债务承担责任的企业法人。合伙制企业的主人是合伙人，可能只有少数几个人。公司制企业的企业所有者是企业一把手或其他股东，只有手持公司的股票才是公司的主人。股份有限公司和有限责任公司一样都属于有限公司，股东只以出资额为限对公司承担有限责任。

合伙制企业由于从事共同经营的人之间是为了利益而存在的一种关系，而这种利益关系往往是暂时性的契约关系，不像公司制企业那样长久，往往合伙人中途不想干下去的时候，合伙企业会倒闭。

具体来看，合伙制企业与公司制企业的区别有以下几点：

1. 成立基础和适用的法律不同

合伙制企业以合伙协议为基础，较多约定性特征；合伙人企业不具有独立的法人资格，领取合伙企业营业执照适用的是《合伙企业法》；公司制企业成立是以公司章程为基础，较多法定性特征，公司具有独立的法人人格，领取企业法人营业执照，适用的是《公司法》。

2. 承担的相关责任不同

合伙制企业中，每一个人合伙人都对合伙企业的全部外债承担连带、无限责任。合伙企业基于合伙人应承担无限连带责任和"人合"的基础，合伙人应为自然人。公司制企业一般分为有限责任公司与股份有限公司。在有限责任公司与股份有限公司中，以股东双方出资额为限，对公司债务承担有限责任。公司可以是自然人股东，也可以是法人股东。

3. 二者管理方式不同

合伙制企业中，合伙人可以依据合伙协议以及其他约定自行决定对合伙企业的管理方式。合伙人对执行合伙事务享有同等的权利，可按照合伙协议的约定或经全体合伙人决定，委托一个或数个合伙人对外代表合伙企业，执行合伙事务。

合伙协议未明确约定或约定不明的，实行合伙人一人一票并经全体合伙人过半数通过的表决办法。公司制的管理方式是相应的管理权由公司治理机构行使，公司股东只能通过公司治理机构行使对公司的管理权。公司的治理机构包括股东会（遵循一股一票与资本多数决议原则）、董事会（遵循一人一票与人头多数决议原则）和监事会等分权制衡的公司机构。

4. 财产关系及盈利分配不同

合伙制企业的财产属于合伙人共有，由全体合伙人共同管理和使用。合伙制企业的盈亏分配由合伙人自行约定，合伙协议无约定时平均分配盈余；合伙制企业中，合伙人按契约进行分配，契约由合伙人在成立合伙组织前协商订立，可以平均分配利润，也可以不平均分配利润。公司制企业的全部财产则属于公司所有，公司的财产与股东的财产必须严格分离。公司的盈亏分配，原则上按出资比例进行，公司章程另有规定的除外。公司制企业的利润分配严格按照股权进行，股权越多，分配利润越多。

5. 纳税方式和退出方式不同

合伙制企业不是独立的纳税主体，仅对合伙人从合伙企业取得的投资回报征收个人所得税。合伙制企业合伙人可依法定条件和程序退出。公司制企业采取双层征税原则，即对公司和股东分别征税，不仅公司要缴纳企业所得税，股东取得分红后仍需要缴纳个人所得税。公司股东不得退股，可以转让股权／股份。

二、合伙人制度与股权激励的区别

很多人把股权激励当成合伙人制度，或者往往搞不清楚二者的操作模式。那么，先从概念上来看，合伙人制度是合在一起，成为一伙，成为风险共担和收益共享的合作团体。具体表现为获得股份或分红权，通过贡献价值发展事业的人。合伙人制度的核心内容依然是股权激励，没有股权激励的合伙人制度不过是骗人的把戏。但合伙人制度不能仅仅止步于股权激励。它的完整思想是，要建立"共识、共创、共担、共享"的企业文化；而这其中，只有"共享"才是股权激励计划的内容。

股权激励也称为期权激励，是企业为了激励和留住核心人才而推行的一种长期激励机制，是目前常用的激励员工的方法之一。股权激励主要是通过附加条件给予员工部分股东权益，使其具有主人翁意识，从而与企业形成利益共同体，促进企业与员工共同成长，从而帮助企业实现稳定发展的长期目标，股权激励是一种捆绑人才的策略。

基于二者的内涵不同，合伙人制度与股权激励的区别简单来看在于：

（1）合伙制是资源的整合，股权激励是资本的整合；合伙制不仅仅是吸引人才，还有合伙带来的资源与强强联合的合作关系和未来预期，所以更多体现的是资源的整合；股权激励往往是薪酬激励的另一种形式，重在改变薪酬体系来达到激励的目的。

（2）合伙制重在人的价值分配，股权激励重在资本的价值分配；合伙制中每个合伙人为了共同的目标会努力奋斗实现梦想和愿景，体现的是个人的价值贡献。股权激励是用不同的薪酬支付方式让资本来达到价值最大化，以期达到捆绑人才的目的，这样即使员工愿意积极努力也是资本在起作用，而不是人在起作用。

（3）合伙制的设计更趋灵活，股权激励受法律、股本比率的制约；股权激励仍是合同制模式用工，而合伙人制是按照贡献大小形成合伙并占有收益多少。股权激励讲究的是公平性而合伙人制讲究的是不一定公平但一定合理且激励干活的人更加努力赚取更多收益。

（4）合伙制对经营负责，股权激励股东对投资负责；股权激励依然是从老板的角度出发，你干得好，就给根胡萝卜，短期的是奖金，长期的是股权，所以仍然是雇佣和被雇佣的关系，重点是对投资股东负责；而合伙人机制不是这样，而是我跟你有共同事业的理想，虽然能力上有差异，但我们两个加起来能把事情干得更好，所以我们形成合伙，每一个合伙人是对经营负责；股权激励往往是站在老板的角度来衡量利益的；而合伙人制是站在共同利益基础上把事情做大做强。

（5）合伙制度强调做大增值，股权激励强调做大剩余价值。

（6）合伙制强调的是去中心化思维，股权激励仍然属于一个中心化的思维模式。

合伙人制度与股权激励的最大核心区别在于合伙人机制一定要基于增量来进行分配，不能分存量。

对于存量分配只能是基于历史的贡献来进行分配，而合伙人机制的激励实质就是要基于未来的贡献。合伙人制度是以经营作为激励手段，任何有才能、有价值、有贡献的员工，都能参与到企业的经营中。而企业经营所依靠的正是员工的价值贡献。

由于合伙人制度具有高度的灵活性和自由度，企业可以自主地设定股份分配与占比，也可以自主设定增量分配的激励制度。在这样的过程中，企业可以挖掘人本价值、融合各方资源，最终激发发展潜力，创造自身价值。

三、众筹合伙制与大包干承包制的区别

众筹，用通俗的语言讲就是："做一件事情，有钱的出钱，有人的出人，说白了就是一种分享经济。"众筹发展到当代，借助互联网大数据之势，吹起了新一轮的互联网金融创新风。互联网众筹属于现代金融创新下的衍生品，通过大数据支持下的技术手段融合产品创新、资金运作以及服务创新，实现资源共享、技术共享、资金利益共享的新型互联网金融模式，将最大化地实现产品资源、资金资源更加有效、平均地配置。从而更好地服务于共享金融模式与经济社会可持续发展。

合伙制中有一种叫作众筹，比如我们都听说过"股权众筹"这个说法。众筹合伙制是指创业者可通过众筹的模式将大众投资人聚集起来，这些投资人每人出一部分资金一起成立一个有限合伙制企业。这样，每个投资人就成为了公司的股东，并且享有公司盈利后的分红权。这样搭建的企业就是有限合伙制企业，而众筹也是这种合伙制的必要条件。这就是众筹合伙制的最初模式，发展众筹合伙制不仅限于股权的众筹，还有智力的众筹。如果股权众筹主要是筹钱，那么智力众筹就是筹人。是定向的有针对性地解决问题，是外部合伙人，相比股权众筹，它的门槛更低，效率更高。筹智的模式可以让合伙人变成一群基因不同、知识不同、经验也不同的一个团队，从而可以对接到不同领域的高级人才。比如当初马云和他的合伙团队就是较早的"众筹合伙模式"，他们众筹的不仅仅是有限的资金，更众筹了头脑和运营思路。

举个例子，某人想创业做一个项目，只有了一个好想法，但在资金和技术方面不太成熟。为了加快让项目落地，可以发出众筹需求以求得投资人的帮助。如果别人看好这个项目，有的出钱有的出技术大家来投资，那么平台就做起来了，这些众筹者会成为公司的最初股东享受分红，但不会参与公司的运营事务，自然也不必担负亏损风险。这种方式给众多创业者提供了机会，让他们在资金、合伙人方面的短板得到了弥补，可以更快、更顺利地踏上创业之路。在众筹合伙制模式中，众筹股东中最好有影响力较大的人，只有这样，才能吸引更多的股东和合伙人加入。

随着数字经济的发展，基于互联网的信用体系的建设，众筹模式打破了仅仅在熟悉的人脉圈中进行筹款筹智的局限。而是能够将筹资的对象扩展到全网，众筹合伙模式将能够做成大事，将企业组织的所有工作流程都变成开放的体系。而一旦使用众筹合伙模式，其实也就打破了原来的企业管理模式，一切都是开放边界的，是大家一起做事的状态。

另一种常见的模式就是大包干承包制模式。大包干也就是我们之前常说的"包产到户"的土地承包责任制形式。当时从大集体土地变成了农民承包地，然后自主经营，上缴部分税收之后，剩余产品归农民所有，大大激发了农民的积极性。所以，大包干承包制作为合伙制的一种，也能起到激励的作用，类似于短期加盟。比如，门店员工承包门店，公司可以收取销售额一定比例的管理费，可按季或年度进行结算。这种合伙制既没有使激励对象获得原有企业的所有权，同时维持了原有的利益格局，又能在一定的期限内通过承包合同划清企业与个人的收益分配关系，使激励对象有一定的经营决策权，从而能激发激励对象的活力，有限达到某种激励目的。

无论是进行众筹合伙制还是承包给合伙人，都需要制定双方共同遵守的协议，以免在运行过程中发生不必要的纷争。

四、平台模式合伙制与阿米巴模式的比较

互联网时代，企业经济的驱动力就是平台。淘宝、百度、苹果、京东……大企业们都在以平台模式横行各个产业。全球 500 强里的前 100 强企业，有 60% 都是平台型企业。

那么什么是平台呢？其实并没有标准答案。我们认为，"平台"是指在平等的基础上，由多主体共建的、资源共享、能够实现共赢的、开放的一种商业生态系统，也可以说是平台＋合伙制模式。

阿米巴模式就是以各个阿米巴的领导为核心，让其自行制定各自的计划，并依靠全体成员的智慧和努力来完成目标。通过这样一种做法，让第一线的每一位员工都能成为主角，主动参与经营，进而实现

"全员参与经营"。阿米巴经营的本质，是充分释放每一位员工的潜能来实现经营。具体做法就是，把公司细分成所谓"阿米巴"的小集体，从公司内部选拔阿米巴领导，并委以经营重任，从而培育出许多具有经营者意识的领导。

企业在没有实行平台模式战略的时候，每个员工与老板是雇佣关系，按月领工资，企业盈亏跟自己没关系。一旦实行了平台战略模式，进行全员参与，比如海尔经营模式，就能实现用核算来考核业绩并促进目标核算意识，从而提高员工的积极性。他们不再是雇员，而是自主经营体。

平台模式与阿米巴的区别体现在以下几个方面：

1. 合伙理念上的比较

阿米巴模式实现全员参与的经营；以核算作为衡量员工贡献的重要指标，培养员工的目标意识；实行高度透明的经营；自上而下和自下而上的整合；培养领导人；阿米巴让全员共同参与经营，使每个人生发出"我也是一名经营者"的意识，进而萌生出作为经营者的责任感，尽可能地努力提升业绩。这样一来，大家就会从作为员工的"被动"立场转变为作为领导的"主动"立场。这种立场的转变正是树立经营者意识的开端，于是这些领导中开始不断涌现出能与我一同承担经营责任的经营伙伴。

平台模式为了实现企业降低成本，让员工由被动管理变成主动参与，这一过程，正符合阿米巴模式里全员参与积极经营法则，在各自的岗位上主动发挥自己的作用，履行自己的职责，那么，他们就不单单是雇员，而是独立经营者和并肩奋斗的伙伴，具有作为经营者的意识，来有效控制企业成本，达到利润最大化。同样，因为员工由被动接受管理到实现了主动自负盈亏，个人的主人翁意识也在提高，管理水平也会有所改变，无形中对于员工的培养和领导潜力的挖掘都有很大的帮助。原来企业的员工就是执行者，让他干什么就把什么干好了，原来日本企业执行力非常强，在全世界竞争力很强。但是现在平台模式是要把员工变成创客。让他们有主动权，有参与意识和自主创造的行为方式。这种模式，也代表一种去中心化。原来的企业有很多中心，所有的领导都是中心，每个员工都有他的上级，上级就是他的中心——甚至多中心，有很多的上级。

海尔的经营模式在过去有一千多人专门评价内部员工做的怎么样，现在不需要了。为什么不需要？让用户直接评价就完了。比方他们的物流配送，给用户承诺按约送达，超时免单，七点送，七点五分送到，超过七点所有送的货不要钱。何必要再有那么多人，了解用户意见再来评价呢。没有必要。

所以，阿米巴模式的目的是要实现全员参与，实现共同创造价值。平台的目的是什么？目的是叫每个人都来创业，每个人都来体现自身价值，从而达到实现共同创造价值。

2. 彼此体现在实现条件上的比较

阿米巴经营模式就是将整个公司分割成许多个被称为阿米巴的小型组织，每个小型组织都作为一个独立的利润中心，按照小企业、小商店的方式进行独立经营。比如说制造部门的每道工序都可以成为一个阿米巴，销售部门也可以按照地区或者产品分割成若干个阿米巴。

阿米巴经营主要有经营哲学、组织划分和经营会计三部分。阿米巴经营是基于"人心为本"的经营哲学和精细的部门独立核算管理，将企业划分为"小阿米巴"，自行制订计划，独立核算，培养员工具有经营者意识，推行"全员参与经营"，打造积极主动的集体，依靠全体智慧和努力实现企业的持续发展。

平台模式是指把每个具备单独要素能力的价值环节或其组合转换成以其为中心的业务单元，并为其搭配一定资源能力基础设施平台。换句话说，基础设施平台和业务单元的总和为平台商业模式。

平台要获得高运营效率和企业高价值，需要满足三个条件：

（1）平台的建构基于更好的技术基础设施，这是价值创造的重要来源。

（2）业务单元可以是专业化，也可以是一体化的，业务单元之间有范围经济。

（3）平台自身要达到规模经济。

平台模式可以应用于各行各业的任何价值环节，不管是采购、财务、制造还是资金、管理标准等的单个还是组合，都能以其为中心业务单元构建单边平台，实现更高层次和数量级的规模经济。而且，业务单元和平台的治理关系可以是直营、合作或者加盟，完全不受限制。这也是平台模式的优势所在。

3. 彼此具备优势上的比较

阿米巴经营的优势非常明显，以下列举一些说明。

（1）"阿米巴经营"能够提高员工参与经营的积极性，增强员工的动力，为企业快速培养人才。

（2）"阿米巴经营"的小集体是一种使效率得到彻底检验的系统，能够将"销售额最大化、经费最小化"的经营原则在企业内部彻底贯彻。

（3）"阿米巴经营"方式下，企业领导人能够时刻掌握企业经营的实际状况，及时做出正确决策，降低企业经营的风险。

（4）"阿米巴经营"把大企业化成小经营，能够让企业保持大企业规模优势的同时，具备小企业的灵活性。

（5）"阿米巴经营"的组织能够灵活应对市场环境变化而迅速做出调整，帮助企业在竞争中立于不败之地。

再看平台模式的优势：平台模式的好处是把"规模经济边界"小的业务变成一个个"分权的自主体"，把集合在一起"规模经济边界"大的业务变成一个统一的"集权的平台"。同时，两者也按照其"范围经济边界"自由组合，使平台的总和形成"范围经济"。从而实现不同规模经济边界、不同范围经济边界的环节在一个体系内的和谐共存。

对平台模式来说，存在两类规模经济：第一类是"业务自主体的规模经济"；第二类是聚合了平台企业和业务自主体的"整体规模经济"。

五、事业合伙与生态链合伙的比较

要弄清楚事业合伙与生态合伙的不同，我们先看一下他们各自的概念：事业合伙人制度是一种类合伙人的企业管理机制制度。但不同于合伙人制度，事业合伙人制度包括三个部分，第一是合伙人持股计划；第二是事业跟投计划；第三是事业合伙人管理，转变成扁平化的架构而非层级结构。

事业合伙人机制的核心原理与信托机制类似，股东和合伙人共享了企业的收益。如果一个企业能达到一定的高收益水平，事实上他也可以很容易地在资本市场上购买到比他现有股权更便宜的资本，如果这时股东不同意进行这样的分配，这些合伙人将可能选择自己创业。有专家这样形容事业合伙人机制：事业合伙人机制不是股权激励，不是资源整合，不是简单的利益共享。它包括：公司的顶层设计和要素资源的整合；战略规划和资本运作的方向；治理结构和组织结构的规划；激励机制和文化导向。

事业合伙人通常表现为成立合伙企业的组织形式对当地项目进行跟投，出资成为项目的合伙人。依据贡献的大小，包括资金的贡献、能力的贡献、智力的贡献、资源的贡献，双方形成合作股权的比例，然后赚取短期的收益价值和长期的资本价值。

事业合伙人是企业为适应知识经济时代的发展需求，激发知识资本的创造力而设计的一种内部制度安排。事业合伙人是高度认同组织价值观，承诺并力行组织目标与原则的人的群体，是建立、甄选、管理、激励事业合伙人的全生命周期的管理机制。

事业合伙人有几个显著特点：

（1）在企业内部设计不同层级的合伙人制度，从而牢牢地掌握公司的命运。

（2）架构扁平，每一位管理者直接听到最底层的声音。彼此之间信任多于竞争，不会因为项目没做好而彼此推诿，而是"你中有我，我中有你"的机制，来形成背靠背的信任。

（3）做大事业搭建更大的舞台，通过事业合伙人机制吸引并保有更多优秀的人才。

（4）具备分享精神，提升运营效率，实现培养富翁的梦想。

比如，华为的事业合伙人机制是"以奋斗者为本"提出人力资本的增值优先于财务资本的增值。在控股方面似乎从来没有遇到麻烦，强调股权激励向奋斗者倾斜。华为明确提出人力资源管理的目的是"持续保持组织活力"，毫无疑问，股权激励机制是重要的抓手。

比如，阿里巴巴由企业家群体掌权，而不是由资本说了算。阿里的湖畔合伙人机制，核心目的是掌握组织的控制权。合伙人最重要的权力，是半数以上董事的提名权。作为创始人，马云思考的核心问题是公司如何基业长青，这其中的关键问题，是把公司当命的创业团队与资本方的权力协调。

比如，龙湖地产与华为的"分钱"和马云的"掌权"不同，龙湖地产的核心问题是如何让企业保持长期竞争力。于是着力建设一个"具有企业家精神的群体"。

比如，碧桂园强调"收益分享"，也就是工厂拿出增量效益的相当部分，与工人进行分享，以达到双赢效果。在保证公司自有资金回报率的基础上，超额部分的 10% ～ 20% 作为对员工的激励。应该算是行业内的领先做法。随着万科事业合伙人机制的推出，碧桂园跟进建立了"同心共享"计划。与万科不同的是，碧桂园为管理层提供了杠杆。在行业形势一片大好的时候，员工获得了丰厚的收益。

比如，万科实现"共担、共创、共享"万科事业合伙人的最大特点，是强调"共担"。无论是集团事业合伙人持股计划，还是项目跟投机制，在设计中注重"共担风险"，体现了对融合管理层和投资者利益的殚精竭虑。

在分析了事业合伙之后，我们再谈谈什么是生态链合伙人。所谓生态链合伙人，是指企业的客户、供应商、经销商和与企业有利益关系的非股东和非员工并参与企业经营活动的一类人，统称为生态链合伙人。

生态链合伙人管理理念就是逐步构建和运营企业生态平台，围绕企业生态平台的有效构建和运营，提供组织和人力服务，强化合伙信任关系，持续创新产业生态，不断推动企业成长。比如小米合伙制实行的生态链就是人才资源之间的生态关联，这样很容易把小米做到更大的体量。即资源是一种生态系统，而生态链合伙人制也这么理解就对了。小米生态链企业就是小米公司设计产品的独家代工厂。小米生态链企业是小米投资的独立运营的公司，也就是非小米子公司，小米看好的企业，小米会去投资他们，加速企业发展，同时，多家企业会结盟，互相合作，如优先供货，最低价格。小米有非常多的周边比如说最火的小米手环、小米的耳机与音箱、小米插线板。小米生态链企业是小米投资的独立运营的公司，也就是非小米子公司，小米基本也对这些公司不控股，但是企业文化、定位、产品设计，品控和销售都有小米的深度参与或者完全把控，小米公司对产品拥有完整的专利和营销权力。

生态链当然不止小米模式一种，而且生态链合伙人也有一定的风险，在做生态链合伙的时候，要注意几个事项：

1. 行业不同，需求不同，不能照搬

因各企业所处行业、存续时间、经营模式和发展阶段等不同，企业就会有不同的需求，即使我们看到了很多的企业实施了"生态链合伙人机制"并且取得了巨大成功，我们也要多多思考自己的公司，三思而后行，并且要有各种制度和文书保证，否则可能会造成企业控制权丧失、成本上升和经营业绩下滑等不利后果。

2. 合伙的经销商和供应商可能水土不服

因为经销商和供应商原本都是独立的个人或组织，有其自己特色的经营管理方式和模式，如果全国各地经销商和供应商都必须按照主体公司的方式进行经营管理和统一的评价标准、约束机制和分配机制，都有可能"水土不服"，也可能会造成不公平。

3. 对不是合伙人的经销商和供应商削弱其竞争力

对于非合伙人经销商，如果不公平，可能会导致非合伙人经销商转到竞争对手那里，对于非合伙人供应商，企业可能无法获得最优的配套服务和产品。

六、有限合伙（LP）和（普通合伙）GP的比较

所谓有限合伙，即参与投资的企业或金融保险机构等机构投资人和个人投资人，或经其他合伙人一致同意依法转为有限合伙人的，被

依法认定为无民事行为能力人或者限制民事行为能力人的合伙人。这些人只承担有限责任。简单理解就是只负责投资，不负责管理的这类合伙人。普通合伙就是严格意义上，既有实物出资，又有现金或技术出资的合伙人，并全程参与管理的合伙人。习惯上，投资人被称为LP，即有限合伙；而管理人则被称为GP，即普通合伙。

那么，二者的区别与联系有哪些呢？

1. 出资额度不同

有限合伙无论是机构投资者还是个人投资者，作为主要出资方，他们是风险资本的主要提供者，是愿意承担高风险且低流动性的投资，一般出资比例为99%，而普通合伙作为管理方，可以是自然人，也可以是基金管理公司或者基金管理合伙企业，其出资比例为1%。

2. 所承担的责任不同

有限合伙以出资额为上限对投资的公司和企业承担有限责任；而普通合伙则对投资公司的选择和管理负有无限责任；有限合伙人负责出钱，而普通合伙人在出了部分资金之后，还要负责管理和公司的日常运作。

3. 对企业债务的承担不同

根据《合伙企业法》规定，有限合伙企业由"普通合伙"和"有限合伙"共同组成，普通合伙对合伙企业债务承担无限连带责任，有限合伙人以其认缴的出资额为限对合伙企业债务承担责任。可以看出，普通合伙人对企业债务的承担范围要大于有限合伙人。

4. 在交易和竞业方面不同

根据《合伙企业法》规定，除合伙协议另有约定或者经全体合伙人一致同意外，普通合伙人不得同本合伙企业进行交易。而有限合伙人可以同本有限合伙企业进行交易。因此，在关联交易方面，法律允许有限合伙人与本企业进行交易。有限合伙人可以自营或者同他人合作经营与本有限合伙企业相竞争的业务；但是，合伙协议另有约定的除外。可以看出，法律允许有限合伙人从事与本企业相竞争的业务。

5. 有限合伙企业和普通合伙企业的财产转让不同

有限合伙人可按照合伙协议的约定向合伙人以外的人转让其在有限合伙企业中的财产份额，但应提前三十日通知其他合伙人。普通合伙人除合伙协议另有约定外，普通合伙人向合伙人以外的人转让其在合伙企业中的全部或者部分财产份额时，须经其他合伙人一致同意。

6. 退伙承担责任不同

有限合伙人退伙后，对基于其退伙前的原因发生的有限合伙企业债务，以其退伙时从有限合伙企业中取回的财产承担责任。普通合伙人，退伙时对基于其退伙前的原因发生的合伙企业债务，承担无限连带责任。

二者除了以上的区别之外，还有一定的联系。

首先，它们是伙伴的关系，在大多数正常的情况下，有限合伙和普通合伙是相互绑定在一起的，比如二者要共同面对投资流动性的问题，有限合伙则激励普通合伙积极参与到企业的管理当中，而在估值方面，有限合伙则不得不相信普通合伙是按照尽可能最好的估计对公司进行估值。

其次，在募集资金的时候，有限合伙人还会对普通合伙人进行审查，包括对普通合伙人过往业绩和经验以及认证和声誉的审查。

除了普通合伙企业和有限合伙企业外，还有一种叫"特殊普通合伙企业"。这种合伙企业之所以特殊，是因为它是专职以特殊知识和技能为客户提供有偿服务的专业服务机构。有代表性的如律师事务所、医师事务所、会计师事务所、设计师事务所等。

为了体现特殊普通合伙企业的特殊性，按规定必须在其企业名称中标明"特殊普通合伙"的字样加以区别。

成立特殊普通合伙企业在企业债务责任的承担上也有特殊规定：第一，如果因某一个合伙人或多个合伙人的故意或重大过失导致产生的企业债务，则由这一位合伙人或这几位合伙人承担无限责任或无限连带责任，而其他合伙人只承担有限责任。第二，不论合伙人数量，若非重大过失引起的企业债务，"所有的合伙人"承担无限连带责任。

从这两项较为特殊的规定可以看出，特殊普通合伙企业的本质还是普通合伙企业，只是有了一定的特殊性。

最后总结一点，无论是普通合伙制、有限合伙制，还是特殊普通合伙制，都有三个共同点：

（1）自愿组成的合伙组织形式。

（2）不具备独立法人资格。

（3）有至少一个承担无限责任的普通合伙人。

七、企业不同阶段的合伙选择

当大部分人都知道合伙的重要性和有效性以后，都希望自己的企业能够进行合伙制。要想长效地解决企业所面临的一揽子人才管理问题，选择合伙人制无疑是大势所趋；问题只在于，处于不同发展阶段的企业，究竟应选择怎样的合伙人制，企业不同阶段对于合伙的着眼点、目的、策略与方式也不同。

企业的发展阶段不同，文化环境相对也不同，面向的市场、面对的竞争对手以及向市场提供的产品与服务就会千差万别；另外，不同企业的资本结构不同，可用资源不同，老板的知识、经验、价值观、人格有别，生产、经营、技术环境不同，员工的能力素质也不尽相同；等等。因为这些不同，所以，采取什么样的合伙人制也要有针对性，只有这样，才能从纷繁复杂的现象背后看到某种区分，并谨慎地给出抛砖引玉的建议，以期启发读者作出相关的思考、判断与取舍。

企业一般会经历创业期——转型期——扩张期——成熟期。

1. 创业期的合伙选择

创业期的企业无论从背景还是资源上都比较脆弱，容易夭折；比如，有的是一个人独立创业，有的是夫妻二人共同创业，有的是几个朋友联合创业……无论是哪种创业形式，这一时期的企业生存与发展所依赖的能力，大多来源于创业者个人的技术、资源、关系、胆识、勤奋与魅力，等等。所以，比较脆弱，很多事情只能由创业者或参与创业者亲力亲为。产品或服务还没有打开市场，很容易出现现金流断裂造成夭折。所以，这个时候选择合伙对于创业期这种薄弱的状态就能给予很好的支持，是非常适合选择合伙的一个时期。例如，某母婴产品初创公司，产品不错，苦于没有太多的资金，为了顶住资金压力以及尽快扩张产品知名度来占领市场，采用了合伙人制度。吸纳了几个在母婴产品上有资源和人脉的人，同时还吸引了不少资金，最后实现了品牌的宣传发展和企业扩张。所以，创业期选择合伙，要注意三个问题：

（1）一定要找到可以与创业者分担压力和责任的人，这叫管理团队。

（2）设定有效稳定的运营和执行途径。

（3）实现持续盈利的资金支持或供给。

这个时期的合伙制一是两位及以上的公司创始人之间的合伙行为，这通常是创业企业初创期的标准情形；二是创业企业成长过程中，在引进个别人才时，逐一向被引进的人才承诺股份；三是整体考虑、规划和推行针对人才群体的员工持股计划。

所以，创业期的合伙偏向事业合伙，大家都抱着最好的愿景和目标来进行合伙，两位或以上的股东通过协商，分别持有一定比例的公司股份，并按照股份比例享有权利或承担风险。资本来源既可能是创业的伙伴按持股比例共同出资，也可能是投资商的投资。在这类合伙中，通常有一位合伙事业的发起人或召集人，他通常持有公司的股份最多，也是未来公司发展的主导者。因此，人们通常把这样一个人物称为公司的"创始人"，而把其他参与创办公司的人员叫作"联合创始人"或"事业合伙人"。

2. 转型期的合伙选择

转型期的企业有了一定的规模，度过了一定的尝试期，为接下来稳扎稳打做一些战略上的准备。扩张期的特点是：

（1）机会众多，潜力巨大。

（2）技术或产品经过了市场检验，趋于成熟或已经成熟。

（3）管理团队与员工队伍也开始有了方向和责任感，能够进行一些决策和承担一些压力。这个时间选择合伙制可以通过股权、债权及商业融资进行扩充员工队伍，快速提升产销规模。建立起一个跟得上时代潮流和符合企业长期发展的管理制度。

合伙人制度无疑是最佳选择，能够将员工从"向钱看"拉回到"先前看"，企业重拾锐意进取和犀利度，尽快实现扩张壮大。

转型期的企业一般希望的合伙人是能够让对方来弥补企业的短板。比如，在技术能力不足时，希望有一位技术精英加盟；在营销能力不足时，希望有一位营销精英加盟；在融资能力不足时，希望有一位融资高手加盟……以此类推。这样的合伙人招募一般是"点对点"式的，需要什么样的人才就去招募什么样的，然后按一定比例给予公司股份。

3. 扩张期的合伙选择

处于扩张期的企业迎来了经营过程中的黄金时期，发展走上了正轨，企业从中等规模开始向大规模进军，但也意味着到了最关键的阶段，如果处理得当，就将进入正确的路径，迎来稳定的成熟期。

扩张期的企业面临的市场机会众多、潜力巨大；其次，已经有相对成熟的管理团队和成规模、成建制的员工队伍，他们能在不同的层级上或专业方向上执行企业的决策。这一时期的企业追求的是不断突破和持续强大。因此处于扩张期的企业是推行合伙人制度的最佳时机，但因为企业处于良好发展状态，很多企业的经营者不愿意在大好局面下进行改变，也没有必须要改变的紧迫性，因此很遗憾地错失了。事实上，扩张期推行合伙制，企业付出的成本低，但效率很高，所以有很高的"性价比"。企业切不可因为短视而白白错失良机，必须"该出手时就出手"，及时将企业引领到合伙人的道路上。这一时期推行合伙人制还需注意三个关键点：

（1）不能单纯导入股权激励，虽然短期内有效，长期看有人才管理隐患。所以，要把企业发展的长远效果作为目标进行股权设计。

（2）即使进行股权激励也不要试图在全公司层面展开。应先在分公司或子公司层面推行合伙人制度，过程中进行错误修正，待到切实可行了再扩大范围至整个企业。

（3）要让合伙人制首先覆盖更多的关键岗位和关键人才。因为企业处于快速扩张阶段，核心人才是确保发展的关键，能够辐射到的人才越多，对企业的发展越有利。

4. 成熟期的合伙选择

处于成熟期的企业通常规模很大，或许已经成为行业龙头或区域领头羊，似乎像巨无霸一样不可被击倒，但也不意味着可以放松神经，时代的变革随时在进行着，企业的变革也不能停止，越成熟越有危机感才是大企业经营该有的思维。

成熟期的企业选择合伙模式的时候要有几点注意事项：

（1）因为企业发展到了鼎盛时期，意味着盛极必衰，所以合伙要重新点燃激情。有新的愿景和目标来激发内在的动力。

（2）即使实施合伙制，也不要有一夜回升业绩的期望。这个时期的合伙更多的是为了提升企业员工的工作热情和拼搏信心，只有人的主观因素提升了，才有可能开拓出更多市场机会。

（3）综合考量将哪些岗位的人员纳入合伙人序列。不能仅把少数企业高层列为合伙人，这等于在人为地制造不公平，会对其余员工造成伤害。但也不能把太多的人都化成合伙人，给不合格的人"搭便车"的机会。

（4）成熟的企业必然有成熟的一套制度，包括组织体系、职务职能、人才选拔、绩效考核、升降进退等。合伙制的推行必将与企业当下的制度冲突，若不打破原有制度壁垒，合伙人制度将无法展开。

企业无论在哪一个阶段，选择合伙的根本目的不在于方案，而在于是否盈利，是否激发斗志。否则，即便成了合伙人也是白努力赚不到钱，还要额外承担更多的责任，这种合伙人谁愿意做呢！

因此，企业无论是在创业期，还是转型扩张或是衰退期，推出合伙人制度的目的要么是激发斗志，要么是扩充企业能量，这二者是关键，相辅相成。

第四章

从合伙到管理建立有效实施机制

一、合伙思维中的"扁平化"管理

"扁平化"的管理思维是相对于传统企业"金字塔"式管理而言的，传统企业一般都是金字塔结构，职能划分为多个层级，这样的劣势是管理者高高在上，下面的员工层层听令，工作效率低，增加上下级沟通的成本，信息传达不准确，容易引起管理层决策失误，同时也会形成阶层分化，中心化的固化思维，往往以管理者为中心，而鲜少以员工为中心，导致员工失去话语权，没有工作积极性。就像有句话形容的那样，扁平化的管理能够让员工成为"发动机"，而不是"齿轮"。比如海尔的"人单合一"，万科的事业合伙人，都是"去中心化"和扁平化思维的尝试与实践。扁平化的管理思维使老板对员工的态度会发生根本的转变，不再对手下的员工颐指气使，像海底捞一线员工的授权免单什么的，就是一种扁平化、去中心化的管理模式。

假如把企业比喻成一支球队，如果让超级球星主导赛场，那么其他的球员就会以这个超级球星为目标，都把球传向他。这个时候，对方的球队就会看出破绽，就会专门有几个球员盯住这个超级球星，然后封得死死的，这样就会大大减少让对方超级球星射门的机会。即使对方的这个球星的球技非常厉害，但也有运气不好失手的时候。如果去中心化，球队不再把所有的焦点都放在一个球员的身上，而是一切以进球为目标，必须发挥团队成员的协作能力。假如赛场的每个区域都有球队的某个成员负责，然后球员持续地跑位、传球、射门，把每一位球员的积极性协调起来。这样就很容易牵制对手的注意力，伺机而动，找准一切时机射门，对手就会防不胜防。

所以，企业就像支球队，伟大的球星产生于一个优秀的团队，一群优秀的球员也能打造一支优秀的团队。要让企业中的每一个人都像球队中各司其职的球员，就需要放弃依赖"超级球星"的思维，把企业和团队打造成"去中心化"的模式。

扁平化思维可以让中间管理层次减少，管理幅度会增大。这样对于组织的好处是可以第一时间获得市场数据，并且快速做出决策，有利于提高工作效率。比如 facebook 的创始人扎克伯格的办公室和员工的办公室连在一起。所以，优秀的企业或组织高效率体现在细节上，目标只有一个，用最高的效率来运营，从而减少公司内部的消耗。

互联网时代信息对称，比传统企业信息不对称来说已经逐渐实现去中心化，上下级关系被信息对称性取代了。

对互联网时代的公司来讲，要走群众路线，就要鼓动大家创新的积极性，如果都是那种层层汇报的金字塔架构，大家怎么可能会有创新性？我要作一个决策，我说了不算，我要跟七八个领导作汇报，要等两三个月之后才有意见的回复，工程师怎么会有胆量创新？比如，小米的合伙人曾说过："我们很多用户都能够知道某个功能是某位工程师做的，那个模块是另一个工程师做的，用户有吐槽，这个工程师就说这个问题反馈我们看到了，会立刻去改。"这就是扁平化管理带来的便利之处。

随着合伙时代的到来，组织进一步扁平，彼此之间通过利益机制彼此捆绑，是真正意义上的扁平组织。小米研发层基本有三层，一层是员工，一层是核心主管，一层是合伙人。不会有总经理、副总等，不会搞得非常复杂。在扁平化的组织结构中，没有多层级之间的相互汇报机制，减少了不必要的时间浪费。小米目前拥有上万名员工，除了每周一次的例会之外，很少开会，也没有所谓的季度总结会。雷军坦言，小米在筹划每一年的"电商大战"的时候，往往用不到 24 小时就完成了策划、设计、开发等多项工作。

从传统的"金字塔""中心化"的管理思维转变为"扁平化"的管理思维，最终能够实现让员工被动变为主动，开放代替封闭，变竞争为合作，共享代替独占。尤其是新的零售行业，每个企业如果能够真正懂得共享的意义，摒弃独占，那么就会产生不可思议的力量。

组织在具体实施"扁平化"管理思维时，要注意以下几点：

1. 从企业文化进行改变

很多组织知道"扁平化"管理的好处，可以是真正执行起来的时候，依然放不开权力，依然一人独大，下级做什么事仍需要事事请示，如果擅自做了决定会受到处罚等，这就只能把"扁平化"管理流于表面，对组织起不到根本的推动作用。因此，如果公司想要顺利实施组织扁平化，就必须进行有效的企业文化建设，要从根本上做到"去中心化"，不唯领导，不唯制度，而是唯人，把人放在第一位，才能真正实现创新。

2. 以用户为中心，组织是事业体

很多企业发展不了，外部的因素占比很小，大部分都是内部出了

问题。所以，扁平化思维就是要破除组织内部敌人，消除大公司病，保持小公司的灵活性和创新精神。进步和成长的公司从来不敢以企业的能力自居，往往更多的以用户为中心。比如腾讯，从 2012 年开始，腾讯的组织就发生了很大的变化，形成了七大事业群，包括社交、技术工程、网络和互动娱乐等媒体事业群。各个事业群独立存在，都是围绕用户来整合各种资源，真正建立以用户为导向的事业体。其最突出的特点是这几个事业群里也不是搞金字塔式的管理，而是基于用户群体形成大项目里套小项目的项目合作制，而且一个事业群里面有无数个项目组在合作。所以才有了腾讯的日益发展壮大。所以，任何组织，要真正做到去中心化，不要总想着自己的权力与地位，而要放眼未来，内部得员工的心，外部得用户的心，这样才能真正成长起来。

3. 把组织变成平台

扁平化管理思维的另一种解读就是让很多员工感觉组织不是一个等级森严的场所，而是一个能够施展自己才能的平台。如果组织能够将自身的资源和环境用于拓展员工的能力，挖掘他们的潜力，这样的企业才是有竞争力的企业。企业如果把资源进行有效配置，而不是闲置浪费，那么就会真正提升公司的竞争力。公司在资源配置、公司运行方式和员工素质方面都需要取得突破，这其中最重要的一点就是资源配置。资源配置主要是由资源配置方式、资源配置能力、资源配置效益构成。这三部分集中体现了一个公司的资源配置体制与机制，从而决定了公司的竞争力。

4. 把组织简化，极简管理才能轻装前行

企业越来越觉得轻资产模式更容易发展，船小好掉头，而且也不会因为组织结构庞杂、部门层级罗列造成企业臃肿，阵容虽大实则没有负担更重的状态。很多企业现在不再追求规模，而是追求小而精。"高效""灵活"将是未来公司的关键词，简化公司的组织机构，让公司能够"轻装"前行已经势在必行。

5.让员工有主人翁意识，激发个体创造力

传统企业管理者越来越分身乏术，而员工却没有责任心，当一天和尚撞一天钟。扁平化管理思维就是把管理者解放出来，让员工生出更多的责任意识。这要怎么做呢？就是要适时地放权，用多种手段和方法来激励员工，让员工为公司创造价值而不仅仅是实现价值。当员工被重视，能够担当责任的时候，管理者就会轻松不少，会腾出更多的时间来寻找带领公司发展的方向和目标。

二、合伙人的"换位思考"相处之道

在中国有一个家喻户晓的好汉故事"水泊梁山"。如果把108员好汉比作合伙人的话，那么梁山这个合伙制公司并没有他们最初合伙之前愿想的那样大块吃肉，大碗喝酒，像神仙一样。他们在不断平外乱，不断磨合内乱的过程中也只是过了没几年的快活日子便散伙了。可以说，这是一个英雄悲剧的故事。这个故事中宋江代表一种权力，最终弟兄们都听了大哥的，结局很悲惨。当今的合伙公司也是如此，刚开始带着满满的志气创业的时候，是志同道合的兄弟，一旦成立了合伙公司慢慢就不再那么平等了。虽然我们前面讲了，现在的组织大部分都开始了对独立意识的重视，不再权力化，但合伙之间毕竟涉及利益和风险的问题，相处起来也不是十分容易。这个时候，合伙人之间就要有换位思考的能力。

换位思考就是人们常讲的情商，无论是在职场晋升还是商务沟通中，其技术选型，架构设计都非常重要。合伙创业，应以公平诚信为基础。作为合伙人，每个人都是独立个体，都有自己的思考方式。难免对于一些事情有不同的看法，如果各持己见不能换位思考，就容易引发更多的矛盾。多站在对方角度考虑问题，换位思考，才能将矛盾化解。找合伙人，最怕两人对待事情的意见完全一致，少了纠纷，却多了问题。合伙中，合伙人之间产生矛盾才能发现问题，如果两个人意见一致，也便难以发现问题。一个公司，如果不能自己尽早地发现问题，对于公司来说难免留下祸根。同时，每个人都有自己的处事标准，你也很难要求你的合伙人去和你意见一致。合伙人之间意见不一致，这时候如何化解矛盾、解决问题才是更重要的。

我们常讲"志不同，道不合，不相为谋"，还可以换一种说法，"即使志也同道也合，但在相处的过程中也要有智慧，否则会前功尽弃"。马云和他的十八罗汉创业初期也有意见不合的时候，他们在湖畔别墅里畅所欲言，把各自心中的不满和顾虑统统都说出来，然后掰开揉碎把所有的矛盾讲清楚，最后握手言和，为共同的目标继续打拼。

所以，无论在成熟企业的合作中抑或是初创企业的合伙中，决策意见出现分歧的情况实属正常现象。意见分歧的时候，利用换位思考的思维解决，主要应关注几下几点：

1. 沟通是一切矛盾解决的基础

合伙人之间就怕彼此各怀心思暗暗较劲不挑明了说。这样会使问题不断激化而找不到一个好的解决方案。合伙人之间如果出现决策意见谈不拢的时候，能够坐下来心平气和、开诚布公地沟通讨论才是最重要的。在沟通的过程中必须妥协最对的那一方，不能因为争执不休，最终只能两败俱伤甚至影响到公司的正常运营。而且在沟通的过程中能够兼听则明，各自的观点都摆出来能够全面分析决策意见的优势和不足之处，可以认真听取和分析合伙人持反对意见的原因。这样不仅可以真实有效地判断决策意见的可行性，而且还有利于合伙人双方相互理解，避免出现争执的场面。

企业出现问题的主要原因来自沟通不畅，只有把问题拿到桌面上来共同面对，才能将目光放得更长远一些，最终做出正确的选择。当出现意见相左的情况时，不妨先多花一些时间进行独立思考，再与合伙人相互沟通分享彼此的观点进行讨论，这才是明智的做法。

2. 当局者无法解决问题的时候，请旁观者（也就是第三方的介入）来处理是另一种方法

当合伙人之间的矛盾或纠纷难以解决的时候，从公司选择一位经验丰富，并且能够得到大家认可、具备一定话语权的人来做"裁判"。由于第三方的介入，往往能够缓解合伙人之间的矛盾，还能协同合伙人起到拍板性的作用。比如，谷歌多年都是拉里佩奇、塞尔吉布林和埃里克施密特三人执政。一般情况下，公司有重大决定的时候三人往往能够同时达成一致从而进行方案和项目的实施。但是，当其他两位

因某些决策而发生争执时，总裁施密特就扮演那个"第三方介入"的裁判，对两人进行劝解，使问题最终得以完全解决。再后来，三个人也开始发生分歧的时候，他们就请来坎贝尔（曾担任苹果公司的董事会成员）。坎贝尔每周会到谷歌做顾问工作，不仅会参加谷歌的董事会议、行政会议，而且还经常与谷歌的高层管理人进行会晤，提出各种意见，调解管理层之间的纠纷。坎贝尔的存在，避免了谷歌发生钩心斗角的利益争夺，同时缓解了领导人之间的关系，增加了彼此之间的信任。这样的管理结构，也让谷歌的发展越来越精彩。

3. 无论任何时候，有分歧、有意见都不能为了自己的情绪或观点而影响大局

合伙人要顾全大局，一切以企业运营发展为中心。不要太过计较个人恩怨，而要权衡利弊全方位分析每一个决策，才能促进公司的长久稳定发展，也能提升合伙人的个人能力和综合修养。合伙人之间本身就是一种能力互补、取长补短的组合方式，所以当发生意见不统一的时候，很容易忽略对方的长处，而往往这样做有很大的危害，不利于公司稳定发展。无论何时，都要看到对方的长处，不能因为有分歧就抹杀别人的重要性。

商场如战场，合伙人就是并肩作战的战友，只有彼此信任、相互尊重，才能打胜仗。当决策意见谈不拢时，合伙人之间不妨换位思考，站在对方的立场上思考问题。合伙人之间相互理解，从公司全局出发思考问题，才能避免矛盾激化。合伙创业，是人与人之间思想交流、价值观、世界观交流的过程，在这个过程中，难免会出现各种碰撞，只有互相理解、互相体谅、互相信任才能创造出一个和谐的团队。

三、合伙离不开优秀的企业文化

有人说，没有企业文化的合伙，充其量只能称为"团伙"，而不是真正意义上的合伙。《现代汉语词典》中，对于"团伙"的解释有几个要点："利益的驱使""缺乏科学的组织结构""缺乏系统化运作"，所以"团伙"往往是失败的。没有制度、没有体系的组织必定会沦为草寇抑或让别人乘虚而入。所以，合伙离不开优秀的企业文化。

什么是企业文化呢？我们先了解什么是真正的"文化"。文化是一个人的修养内涵和价值观格局的体现；是如何对待他人、如何对待自己所处的自然环境、如何尊重他人、尊重自己、自约自律的体现，文化是品位、道德、价值观的积累；我们常听说某某企业实行"人性化管理"，就可以定义为"有文化的企业"或"企业文化"。在尊重人性的基础上，让人变得有格局、有修养，最终实现与企业共同具备道德观和价值观。这就是企业文化的深层内涵。

很多企业知道了企业文化的价值，但往往是想通过该"企业文化"去对团队成员进行洗脑式教育，把员工当成廉价劳动力，野蛮地要求员工加班加点做重复性工作，忽视了员工感受和员工价值的体现和发挥，这其实并不是真正的"企业文化"，而是一种变相的剥削手段。

所以，大部分人都认同，三流的企业人管人，二流的企业制度管人，一流的企业文化管人。据调查评论认为，全球最大的500家企业之所以能优胜于其他企业，其中一个很大的原因，就是这些企业不断地给自己公司注入文化的活力。企业文化是企业管理的"魂"，是提高企业管理效能和形成企业核心竞争力的强劲动力。任正非说："资源是会枯竭的，唯有文化生生不息"。

企业文化的力量可以"内化于心，固化于制，外化于形"，关键之处是第一条，企业文化是要"走心"的。只有企业用走心的文化打动了员工的"心"，才能让员工把"心"用在企业。合伙制要真正去采用"走心"的文化，而不要成为"伪合伙人"。也就是不要把员工当成嘴上的"家人"，而是要当成真正的一家人。

真正把员工当家人，就不再只是给了员工一个"合伙人"的帽子，这背后还要强加给员工更多的责任和义务。为什么要这样做，谁都不是傻子，你不用心，别人怎么可能用心？

比如，当年稻盛和夫能使日航重生，而且还打造了京瓷，凭的就是强大的企业文化。无论是提倡"敬天爱人"的经营哲学，还是阿米巴经营模式，都让员工和企业站在了同一条战线上，才能有这样的力量。

稻盛和夫曾说："许多人认为，企业的经营，最重要的是确立经营的战略，但是我认为，最重要的是那些看不见的公司风气和员工的意识。也就是说，如果每一位员工都能够以自己的公司而自豪，都能够发自内心地为公司服务，那么这一家公司就一定会发展得很好。相反的，员工成为批评家经常批评自己的公司，那么，这样的公司就一定会破产，经营者再努力也好不起来。

所以，日本航空公司之所以能够走出困境重新上市，是因为在短短的 2 年多时间里，公司风气改变了，员工的意识改变了，员工发自内心地与公司同心同德同努力。所以，我要感谢我们的员工，是他（她）们辛勤的努力，才拯救了自己的公司。这才是日本航空公司获得重生的最大秘密。"

日航重生，实际上是日航企业文化的再造，稻盛和夫将以前的"各扫门前雪"转变成为跨部门协同合作，阿米巴模式的分部门核算使成本意识深入到每个一线员工当中，员工自觉从一块抹布、一瓶机油开始，降低企业运营成本；高层管理人员亲自到工作一线去，避免了企业决策层与现场脱节，将瞎指挥、闭眼睛拍板的可能性降到最低；削弱总部对生产的干预，将职能部门的功能从决策变为服务，对释放基层工作热情、更贴近用户有着积极的作用；下一工序是上道工序的用户，一层层工序到后面由销售部门将产品卖给最终的企业外用户，责任意识和主人翁意识从书面落到实处。

稻盛和夫的经营之道：以撬动人心建立企业文化。他是怎么做的呢？

1. 用零工资给大家做表率

稻盛和夫零工资的奉献，使全体员工都受到了巨大的精神鼓励。在他接受政府的邀请出任公司董事长时，已是快 80 岁的老人，却愿意不领一分钱的工资为日本航空公司的重建奉献最后的力量，给全体员工树立了个好榜样。

2. 尽最大力量保护员工

根据政府再生支援机构的要求，裁员是不可避免的，但稻盛和夫更希望可以尽可能地保护员工，让他们留在公司里。他之所以要答应政府的邀请，就是因为知道，一旦此企业倒闭，必然会影响到日本经济，一定要尽可能地保住更多人的工作机会。

3. 不打无准备的仗

稻盛和夫在担任董事长后，做的第一件事就是，给日本航空公司确定了一个经营目标，并让每一个员工都牢牢记住，明白自己的工作职责。稻盛和夫认为，企业改革的成功，除了关注方案、关注执行外，更多的是关注人心。即使制定的企业方案再好，执行的人再好，也是你让他干的，而不是他要干的。没错！每个人都喜欢为自己干。

企业文化的内部形成机理既有自上而下的言传身教，也有自下而上的亚文化浸润。根据自己的特点打造自己的文化，最终带出一支属于自己的队伍，这对于合伙人来说是很重要的，对企业长远发展也是很重要的。

四、赚钱有原则，合伙有规则

合伙做事的目的是为了赚钱，这是不争的事实。想要赚钱一定要重视规则的力量。规则是一种契约，文明的产生以及国家的发达都源于契约精神。因为人是会变的，唯一靠得住的是规则，尤其对于不同的合伙人来说，权力不一定管用，利益面前道德和感情也不一定管用，最管用的是规则。合伙人在人格上是平等的，平等对应的就是规则，不是权力和道德，也不是感情，规则是保证平等的基础。比如几个合伙人，有的出资多，有的出资少，有的贡献大，有的贡献小，那么，做决策时权力怎么分配，怎么做决策，谁做决策，谁做监督……这些就是规则的规则。只有定好规则，合伙人在一起相处，才能根据规则实现收益、分配、退出等。在经营层面才可以制定激励、流程、内控等相关管理手段。制定规则虽然不容易，但是厘清主次和轻重就会容易很多，而且有框架结构可以借鉴，通常不会有大的闪失，但是规则定下来后，还要去遵守和执行，这也是合伙人能够平等、有秩序相处下去的关键，否则规则就形同虚设，甚至还不如没有规则。

就像人们认识到的那样，合伙合的不是钱，也不是感情，而是规则。

1. 出钱的规则

（1）劳资合伙，也就是作为合伙人，不管出不出资，有股份就可以作为股东按出资比例享受红利。"劳资合伙"能够合理体现经营者的人力资本价值，也是投资人和经营者各得其所的分配和激励制度。

（2）出资或者不出资。合伙的类型不同，对于出资也有不同，有的可以不出资。比如，事业合伙人更重视出资，而利益合伙人以股份奖励为主，个人无须出资。阿里巴巴对其一定级别以上的核心员工进行激励就无须个人出资；而针对湖畔合伙人的专属激励计划，则需要合伙人是出资方方可获得股份。从企业类型来看，重资产的企业多要求出资，而轻资产的企业往往偏好股票期权。创始合伙人，如果依然在职，可以享有其所持股权的分红激励；如果退出，其股权也有相应退出安排，但其荣誉头衔可以保留，作为公司的精神领袖。第二类是作为继任者的高级合伙人，既可以享有公司短期的现金利益分享，也可以参与公司的扩股计划，成为公司股东；未来如果表现优异，还可根据实际贡献获得更多的股权份额。再下一层级的初级合伙人，则更多是与公司共享共担的利益合伙，仅分享现金收益。可出资还有一种方式，即员工成立创业组织，母公司作为投资人，只出钱不出力，员工出力，也可出资。

（3）利益分配。合伙制经营模式下，资本、员工之间的利益分配更公平，能更好地满足当下很多人对财富包括财务自由的追求。在利益合伙人的定位下，企业通常从全面薪酬的市场竞争力着手，根据全面薪酬水平市场对标、合伙人激励在全面薪酬中的占比、激励成本对公司财务报表的影响等，确定激励额度；在事业合伙人的定位下，企业更多从合伙人的能力、资源与价值贡献等角度，匹配相应激励力度。且相比利益合伙人的激励力度，事业合伙人的激励力度通常较高。

2. 出人的规则

（1）首先确定出的是帅才还是将才。狭义事业合伙人一般称为帅才，广义的合伙人则偏指利益合伙人，称为将才。在初创阶段或企业进行二次转型，更需要帅才，这样才能参与决策，共同思考企业发展的模式创新，如阿里巴巴的湖畔合伙人大部分属于帅才。假如是一家发展成熟的企业，尤其是大型企业，为了营造平等共享的文化、使员工感受到自身利益与公司利益的密切捆绑，合伙激励的范围就可能更广——如永辉超市、沃尔玛等，员工激励机制都跟公司有关，都可以归在将才里面。

（2）合伙人制可以激发人的潜能。所以，要考虑如何制定好的制度以充分激发和发掘人的潜能。资本与人才合作二者关系平等，人才的话语权提升，对企业剩余价值分配权提升，利益分配更公平，这有利于人才潜能的最大激发和释放。采用员工持股计划，能够让员工把企业当成一项事业，而不是简单的雇佣关系。把公司利益和员工的利益紧紧捆在一起，从"要我干"转变为"我要干"的经营模式。让优秀人才得到合乎其价值的报酬，这种激励模式更能稳住人才。实施股权激励机制，可以让员工分享企业成长所带来的收益，增强员工的归属感和认同感，激发员工的积极性和创造性。通过合伙人选拔机制和退出机制，确保"谁创造谁分享"原则。

3. 管理的规则

（1）首先要保证合伙人对公司的控制权。比如，阿里合伙人的主要权利是董事会的提名权，简单来说，合伙人拥有提名简单多数，即超过半数董事会成员候选人的权利，从而创始人团队可以保证控制董事会，将企业的最高权力握在自己手中，规避了投资人过度追求短期利益对公司经营造成的干扰与损伤。

（2）确定合伙人的标准与条件。第一是基于使命、愿景和价值观的企业文化传承，第二是创造价值，持续奋斗的合伙人精神，不断为公司贡献力量。这两条是构建合伙制经营模式的基本方向。合伙制是否具有生命力，主要看团队合伙人是否能够积极响应企业文化，这样才能把股权激励作为打造这个团队的环节和有效保障来实行。

（3）真正对合伙人授权赋能。企业下放经营决策的权力给合伙人，各业务单元独立决策、自负盈亏，合伙人享有相当的项目收益，因此工作积极性高，感受自己参与企业经营的喜悦，使员工从尽力而为到全力以赴。

4. 风险控制和退出的规则

建立明确、合理的合伙人选拔与退出标准及流程，是企业合伙人资格动态调整的基础，是帮助公司及时择优汰劣的重要管理工具。相应地，合伙人在不同情况下退出时，其所持股权可通过什么方式退出、退出价格在不同情况下是否有不同标准，也应当在事前即有明确约定，一方面可以传递公司的管理导向，另一方面也可避免公司激励资源的不必要损耗（例如，避免在发生不利于公司的离职情况下，合伙人仍可按较优价格兑现激励收益），也为降低公司未来面临法律争议的风险。怎么退出？以什么价格退出，一次性退出还是分期退出。

所以，合伙人一定要明白这些规则，才能进入得顺利，退出得也顺利，让合伙企业发展更平稳。

五、合伙人的自我监督与相互监督

古人讲，一个人最高的境界是"慎独"，就是说在无人监督的情况下也能做到不违反道德和法律，能够做到心如止水不逾矩。但人都有人性的弱点，很难在利益诱惑面前做到"慎独"。合伙人尤其如此，不夸张地讲，公平透明的监督机制是确保合伙制企业可以稳定地走下去的根本保障。

既然是合伙，那么企业的事务就是公共事务，不是某一个人的专权或独断，同时这些事务涉及每个合伙人的利益，每个合伙人都有权去关心合伙企业的经营状况。因此决定了每个合伙人既有权利对其他合伙人执行合伙事务的情况进行监督，又有义务接受其他合伙人对自己执行事务情况进行监督。《合伙企业法》第27条规定：依照本法第二十六条第二款规定委托一个或者数个合伙人执行合伙事务的，其他合伙人不再执行合伙事务。不执行合伙事务的合伙人有权监督执行事务合伙人执行合伙事务的情况。

规定只是进行了大方向的定义，在具体展开监督工作时，合伙企业还应该根据自身特点灵活应对。既要避免过于直接的"紧盯"，给各个合伙人彼此可以喘息的空间；又要防止过于松懈，给其他合伙人留下"犯错误"的机会。总之，只有保持健康、合理、持续的监督，才能保证合伙企业长久地走下去。

一般合伙企业中的合伙人要进行自我监督和彼此监督。自我监督就是首先要用放大镜照自己，先让自己做到没什么毛病可挑。如果合伙人只想着自己的权力和利益，只想着去监督其他员工，那么这个合伙人无论个人多有才华，资金多雄厚，也属于有短板的人，行为规范一定不能服众。越是有能力的人，越是能够严于律己宽以待人，身体力行率先垂范来要求自己，在监督自己的同时也影响了其他人，同时能够得到更多人的尊敬和敬佩。如何做到自我监督呢？首先，在工作中要尽职尽责完成本职工作，同时具备不断学习提升的心态，这样才能不断进步和发展。因为每个人都有不足之处，越是保持谦虚好学的心，才能让自己越来越强大。其次，在企业中处理事务要做到自律，诚信，要求别人先要求自己，一个自律者同时是最高的自由者，同时也能带给团队积极的影响作用。

除了自我监督之外，还要做到彼此监督。每个人看到的自己与别人看到的自己都有很大的不同。所以，彼此监督能够及时发现对方身上需要改进的问题，也能让别人及时指出自己的问题。彼此监督不是相互"看管"，而是及时发现问题，及时予以纠正，保持机制透明，环节无阻，言论畅通，对个人和企业都有好处。相互监督可以在自我监督的基础上，进一步地约束自己，让自己在处理合伙企业事务时能更加认真。相互监督必须保持经常沟通，以加深合伙人之间的信任感和合作中的流畅性，用以更好地协调公司内外部的工作。

总之，合伙人之间相互监督是一种减负和提醒，不仅是对企业负责，更是对自己的未来负责。

在实施监督的同时要注意以下几点：

1. 尊重每个人的话语权

合伙制企业与传统企业最大的不同在于不是一言堂，不是金字塔模式，每个人都能够发表自己的意愿，目的是使企业更好地发展。所以，在相互监督的同时允许每个人畅所欲言，敢说话，说真话，这样才能够真实表达内心的观点和想法，也为企业能够积极解决问题提供切实有效的思路。如果不允许别人说话，就会使原本该有的多种声音被掩盖，不利于企业的发展。

2. 监督要亲自去发现而不是听别人说

合伙人机制除要有主人翁意识之外，还必须主动地对下属和部门进行监督，合伙人还必须有主动走出办公室之外，进入到员工的工作中去的意识，这样的目的就是给下属带来无形的自我约束能力，让下属更自觉地、更有积极性地去做事情。

3. 监督伴随着整个合伙过程

合伙制企业中的监督机制需要持续性，这样就能够为及时发现问题和解决问题做准备。

六、合伙的常见风险及规避

无论做什么不可能都是有利有福的事，还有一些难以预料的风险，合伙办企业更不例外。合伙创业在获得利润的同时，必然会在经营的过程中遇到风险。如市场前景，管理能力，财务状况，人员素质等都可以造成风险。但更大的风险如合伙人个人的风险、法律风险、涉税风险等。所以，合伙人不但要知晓一些常见的风险，还要掌握规避的方法。这样才能使企业少走弯路，也才能得合伙这项事业越做越好。

1. 合伙人个人风险

在选择合伙人的时候除了要选有事业心、诚信、自律的人之外，还要考察这个人的婚姻状况和健康状况。比如，如果合伙人因为离婚带来的风险或合伙人死亡带来的风险，这种风险对于合伙企业来说都是非常重大的影响。对于已婚人士，法律上规定，丈夫或妻子为合伙公司投入的所有资本中，其合法的配偶中都会拥有一半。当夫妻感情没有问题、婚姻平稳的时候，合伙人投入的资本是安全的，如果合伙人发生离婚，持股合伙人的配偶有权获得其一半的股权。

比如张三、李四、王五合伙开了一家公司，其中张三投资占比40%，李四和王五占比均为30%。公司经营数年，发展形势良好，规模也越来越大。可是，张三却因为与妻子离婚，导致合伙企业内部的股权结构发生紊乱，因此影响了公司的正常运转。在张三离婚后，其妻子拥有了20%的股权，这样公司的股权就被四个人瓜分，其比例为2:2:3:3。这是一种极不科学的股权占比，导致公司缺少了实质上的控股人，影响公司的决策。

基于这样的情况，李四和王五决定分别购买张三妻子手中12%和8%的股权。可是由于公司发展势头良好，张三的妻子拒绝了他们的提议。后来，经过长时间的协商和沟通，他们最终还是说服了张三的妻子，达成了协议：张三的妻子分三年的时间，把20%的股权卖给李四和王五。但是她必须在第一年得到所有股权的返还价值，并且在未来的三年享受到企业20%的分红。

重要合伙人的离婚对于合伙企业来说是一件大事，合伙企业必须要通过法律手段和协商手段，科学地收回分散的股权。这种方式可以保证公司形成科学的股权结构，避免混乱，从而促进公司的进一步发展。

2. 合伙企业的法律风险

由于合伙企业不像传统有限公司或有限责任公司，没有章程，通常情况下合伙人直接参与经营管理，各合伙人之间权利义务的划分依赖于各方签订的合伙协议。合伙协议的特殊作用，要求在合伙协议中不仅要体现合伙企业设立活动的权利义务分配，而且对于合伙企业成立后的经营管理，以及合伙人对企业重大事项的决策形成程序、权限、表决方式等都需要作出安排。在合伙出资上，如果合伙协议对于合伙财产归属的约定不明晰，容易产生法律风险。

通常提到合伙财产时，多数人都简单地认为属于合伙人共有，而实际的情况则复杂得多。对于以现金或财产的所有权出资的财产应认定对共有财产；对于合伙人以房屋使用权、土地使用权出资的，在合伙经营期间，由全体合伙人共同享有使用权，但合伙人不享有所有权；对于合伙人以劳务、技能等非财产权出资，劳务、技能虽然可以进行价值评估，但因其具有行为性的特征，不能成为合伙企业的财产。当合伙人以商标、专利等无形资产出资的，既可能以所有权出资，也可能以使用权出资，这就需要合伙人在协议中进一步明确约定。约定不明就存在发生争议的法律风险。

3. 涉税风险

企业所得税法规定，中国境内设立的企业或组织取得的收入，需要按规定交纳企业所得税，但不包括个人独资企业和合伙企业。按照现行税法规定，合伙企业所得税采取"先分后税"的原则，以各合伙人为所得税纳税义务人，合伙人是企业法人或其他组织的，以分回的所得缴纳企业所得税，合伙人是自然人的，按照分回的所得缴纳个人所得税。也就是说，合伙人缴纳个人所得税还是企业所得税，由合伙人的身份来决定。

合伙企业涉及的主要税种如下：

合伙企业增值税。根据合伙企业的正常业务类型，区分不同的税率和征收率正常缴纳，正常对外开具增值税发票即可，和其他企业并无不同。

合伙企业所得税。合伙制企业本身并不具有法人地位，不属于企业所得税纳税主体，自身并不需要缴纳企业所得税。

合伙人所得税。对合伙企业生产经营所得和其他所得，应按"先分后税"原则征收所得税，以每一合伙人为纳税人，分别缴纳个人所得税或企业所得税。自然人合伙人缴纳个人所得税，法人或者其他机构缴纳企业所得税。怎样才能使合伙企业不产生涉税的风险要注意几点：

（1）合伙企业收到分红收益，按照"先分后税"的原则，即使不分配利润，也要按照分配协议计算每个股东应分配的金额代扣代缴股东个人所得税。

（2）合伙企业收到的分红款，不能弥补以前年度亏损，应按股息红利所得缴纳 20% 的个税。

（3）在大数据时代下，税务机关可以与相关部门交换涉税数据，获取企业涉税信息进行分析，与企业申报信息交叉比对，让企业偷税漏税行为无所遁形。所以，合伙企业不要心存侥幸或逆法律而行让自己惹火上身。

七、如何设计和运用股权激励

股权激励是指员工通过获得企业股权的方式，享有一定的经济权利，能够以股东的身份参与企业的经营决策，分享利润和承担风险，从而勤勉尽职地为企业长期发展服务的一种激励方式。股权激励的根本目的不在于培养多少股东，而是使员工像老板一样进行思考和行动，打造更多的合伙人。

股权激励一般分为实股股权和期权股权。前者通常适用于参与感和心理安全感相对较高的核心员工或合伙人。期权是一种承诺，不可直接拥有。只有到了成熟期与行权期后，期权才可以变成股权，一般给予非核心员工。实股股权是先发，发现不合适再收回；期权是后发，先给予一个期限承诺，等符合条件后再给股权，但在后期发现不合适也可以收回。

对上市公司而言，股权激励标的的来源主要为公开发行的股票；而对非上市公司而言，由于无法在公开市场发行股票，所以激励标的的来源主要为增资扩股、期权池预留、股东出让、股份回购等。

以股权预留为例，是合伙企业常见的一种股权运作形式，目的是在未来招揽人才加盟。预留一般不必过多，多了会激发其他先入为主合伙人的觊觎之心；也不能预留太少，太少对人才难以形成吸引力。

除了股权池之外，股权是否成熟也是一个考量点，在激励制中非常重要，可以直观界定股权是否正式由股权所有人所有。一般有三种：

（1）按年为单位划分。

（2）以一个项目完成度来考核股权拥有者，以一个项目的完成度来考核股权拥有者，达到预先约定标准的，可以享有股份，否则不享有。

（3）按融资进度，除了来自内部的参考标准外，还可以动用外部的参考标准。融资进度就是不错的参考项。融资的数额可以印证产品的成熟度、资本市场对企业期待值的大小、企业未来的经营走向可能性如何。

在股权方案设计上，有一些要素要搞清楚：

1. 选择股权激励对象

所谓股权激励对象就是实际受益人。一般包括几类员工：董事、监事以及高级管理人员；掌握核心技术的人，如研发总监或高级工程师；掌握关键运营资源的，如市场总监和核心项目经理等；对于激励对象的选择，不要过于宽泛，那样起不到激励效果，也不能过于狭窄，容易造成不公平现象，降低员工对企业的忠诚度。初创的时候激励人员以技术人员为重；发展期激励以管理层、技术骨干和市场营销骨干三方面并重；成熟期加大对企业管理层激励；衰退期以企业再造的关键人员身上。

2. 选择股权激励的模式

激励模式根据企业的情况不同要有不同的选择。非上市的公司要考虑激励对象人数、对现有股东权益的影响、公司的性质以及所处的发展阶段以及公司的财务状况。比如，有限责任公司人数不超过50人，因此，如果不是上市的有限责任公司，激励人数就不能超过50人，而且不能采用实际认股方式来进行，应该采用利润分红型虚拟股权激励，或者股份增值权等模式；企业的经营状况也会影响到激励模式的选择，如果企业本身经营困难、盈利能力差、资金紧张，在这种情况下，员工对公司的前景担忧，往往更看重现有的工资和福利待遇，而不奢望未来的股份收益。因此，在这种情况下，企业应选择具有福利补充性质的，不需要员工出资购买的激励模式，如虚拟股权、股份增值权等。

3. 确定股权激励额度

这个额度包括激励总额度和个人额度，如果股权比例相同，规模大净资产高的企业比规模小、净资产低的企业收益高，因此，企业要根据自身的规模和净资产状况确定合理比例的额度，这样既起到激励作用又不过度激励。一般而言，激励对象所领取的薪酬要体现自己在公司内部的重要性。因此，激励额度的设定要超出其预期，从而能够产生更大的效果。同时对比同行业或主要竞争对手来进行额度的设定。

4. 确定股权激励标的价格

在确定激励标的的价格时，既要考虑激励对象的承受能力，也要考虑到保护现有股东的合法权益。对于非上市公司而言，实践中一般通过以下几种方法确定激励标的的价格：净资产评估定价法、模拟股票上市定价法、综合定价法。净资产评估定价法是确定股权激励价格最简单的方法。先对公司的各项资产进行评估，得出各项资产的公允市场价值及总资产价值，然后用总资产价值减去各类负债的公允市场价值总和，算出公司的净资产，用净资产除以总股数就得到公司的股份价格。

5.确定股权激励的时间

股权激励不是时间越长越好，既要考虑股权激励能够达到企业长期激励的目的，又要确保员工的激励回报。若要产生长期的激励效果，股权激励计划必须分阶段推进，设定合理的周期，以确保员工的工作激情能够延续。对于上市公司的股权激励计划有效期，法律规定股票期权授权日与获授股票期权首次可以行权日之间的间隔不得少于1年；股票期权的有效期从授权日计算不得超过10年。

6.制定股权激励的约束机制

股权激励不是没有条件，往往来自两个约束条件，一是对公司的业绩考核，另一个是对激励对象的个人绩效考核。公司的业绩考核主要看净资产是否增长，净利润是否增长为重要指标。激励对象绩效考核是公司对激励对象的行为和业绩进行评估，以确定其是否满足授予或行权条件。

除了以上几个要素需要重点注意以外，设计股权激励机制的时机很关键。

比如，企业有融资需求时，进行股权激励计划，有助于企业目标达成；企业并购重组或涉及人事调整的时候，实行股权激励能够安抚员工不安情绪。在公司的商业模式出现重大创新时，股权激励能够留住人才、激励人才。公司新的发展战略计划推出后，为了提高员工的工作积极性，鼓励他们为了战略目标而努力，有必要实施股权激励计划。

八、合伙的退出机制

合伙做事最好的局面就是大家在最初的时候满怀希望，在股权退出的时候其乐融融，这是合伙人最希望看到的局面。所以，选定好合伙人中途退出模式，有利于企业迅速度过转折期，迎来新的开始和发展。一般退出模式包括回购退出模式、绩效考核、新三板退出模式和上市退出模式。我们一一分析这几种退出模式的具体情况：

1. 回购退出

回购退出是目前合伙企业比较流行的退出模式，一般分为两种类型，管理层收购和股东回购。回购退出交易过程简单、成本低、资本安全得到保障，回购退出模式能够避免因核心合伙人的退出而给企业运营造成大的损害。但现阶段我国法律对股份回购的限制较多。《公司法》第143条规定，公司不得收购本公司股份，除非有下列情形：

（1）减少公司注册资本。

（2）与持有本公司股份的其他公司合并。

（3）将股份奖励给本公司职工。

（4）股东因对股东大会做出的公司合并，分立决议持异议，要求公司收购其股份的。

《公司法》第71条规定，有限责任公司的股东相互之间可以转让其全部或者部分股权。股东向股东以外的人转让股权，应当经其他股东过半数同意。股东应就其股权转让事项书面通知其他股东征求同意，其他股东自接到书面通知之日起满 30 日未答复的，视为同意转让。其他股东半数以上不同意转让的，不同意的股东应当购买要转让的股权；不购买的，视为同意转让。经股东同意转让的股权，在同等条件下，其他股东有优先购买权。两个以上股东主张行使优先购买权的，协商确定各自的购买比例；协商不成的，按照转让时各自的出资比例行使优先购买权。公司章程对股权转让另有规定的，从其规定。

《公司法》第 141 条规定，发起人持有的本公司股份，自公司成立之日起一年内不得转让。公司公开发行股份前已发行的股份，自公司股票在证券交易所上市交易之日起一年内不得转让。

一般来讲，回购退出模式适用于经营日趋稳定但是却上市无望的合伙企业，而对于即将上市的合伙企业来讲，选择这种回购模式并不利于公司的扩张发展和持续经营。

2. 绩效考核退出

合伙人制度必须与绩效考核结合，实行合理合规的考核标准，目的是正向激励合伙人，达到绩效考核就多分红、多奖励，达不到绩效考核就少分红、少发奖励，甚至还有可能被踢出合伙人队伍。这种模式也是合伙企业比较常用的一种合伙人退出模式。比如 A、B、C 三个人合伙开了一家服装设计公司。由于一直得不到扩张，于是就以加盟的方式加入了另一家大型服装公司。他们三人各司其职，A 负责与客户沟通，B 负责服装设计，C 负责内部管理。因此很快为公司筹到了更多的资金、技术和人才，使原本的公司有了起色并具备了扩张的资本。

后来 B 由于个人原因中途退伙，经过与其他两人协商，把自己 28% 的股份以溢价的方式卖给了 A 和 C。A 和 C 考虑到 B 为公司所做的贡献，决定在原有溢价的基础上，再增加原价的 20% 来购买其股权。三个合伙人通过这种退出方式，做到了好聚好散，其合伙企业也顺利地度过了过渡期。

3. 新三板退出

新三板为原股东退出提供了便利，是一种很受合伙人欢迎的退出模式。不管是合伙人还是员工，如果股权过了限售期限，都可以很方便地在市场上出售自己的股权，实现溢价退出。新三板退出模式主要通过做市转让和协议转让进行。做市转让遵循市场交易原则，在买卖双方添加一个"做市商"，有利于促进股权退出交易的公平公正。协议转让则是一种较为系统的退出机制，这种退出方式是在股转系统的监测下，买卖双方借助洽谈协商的形式，最终达成股权交易。采用新三板退出模式，合伙企业能够借助其强大的融资功能，得到更强大的广告效应和政策支持。另外，对于合伙人来讲，新三板市场的进入壁垒更低。借助新三板市场灵活的协议转让制度与做市转让制度，能够更快地实现退出。

4.IPO 上市退出

对于股东合伙人来说，能通过 IPO 上市退出是最为理想的，投资回报最高，社会声望也最好。但是，想要成功实现 IPO，除了具备能力，还要有耐心，因为 IPO 需要较长的等待期，而且能否最终上市成功并未可知。

IPO 上市退出有很多优势。在实践中，IPO 是所有退出方式中收益较高的。对于股权投资机构来说，IPO 有助于提高股权投资机构的知名度、市场声誉与社会形象。企业上市通过直接融资平台进行融资，不会影响企业的管理和运营，有助于保持企业的独立性和管理的连续性。上市可以为企业长期发展筹集资金保持持续的融资渠道。IPO 上市前，公司会进行准备和宣传，有助于提升市场对企业的投资热情和关注度，为企业继续发展创造条件。

对于合伙企业的合伙人来讲，若要取得更高的 IPO 退出回报，还需要注意两个方面的因素：一方面，合伙企业发行的股票要日益增值，要有足够的上涨空间，能够吸引到足够多的股民；另一方面，合伙企业要诚信经营，要有良好的经营业绩，从而获得资本市场的高度认可。企业只有做到这两个方面，其合伙人的退出回报才会更高。

第五章

从中国实践到全球化视野下的合伙思维

一、阿里巴巴合伙制，强调"人"的价值

阿里巴巴集团被众多人称为是马云打造的阿里帝国，可见之成功与辉煌。马云经过不断的艰苦创业与创新发展，创建了阿里、淘宝、支付宝、菜鸟网络、蚂蚁金服等平台实体，创造千万亿的商业财富。很多人都在研究马云成功的因素。有人认为是马云有强烈的使命感和愿景，有人认为是遇到了贵人孙正义，有人认为是伯乐蔡崇信助其大展身手，有人说时代好赶上了好机遇……总之，研究来研究去，诸多因素皆有可能，但综合起来就一条最核心的东西——合伙人制度。

阿里的合伙人制度始于 2009 年，但直到 2013 年才随着上市临近对外公布。该制度是阿里独创的管理制度，它并不同于传统意义上的合伙人制度。传统的合伙人制度要求合伙人共同为企业经营的盈亏负责，而阿里合伙人则不必承担这样的责任。

但阿里的合伙人有几点硬性规定：

（1）必须在阿里供职超过 5 年。

（2）高度认同公司文化并具备优秀领导力。

（3）合伙人团队成员，要拥有董事会半数成员提名的推荐。

马云在致各位阿里人的信中说过这样一段话："我们的合伙人制度有别于绝大部分现行的合伙制度，我们建立的不是一个利益集团，更

不是为了更好地控制这家公司的权力机构，而是企业内在动力机制。这个机制将传承我们的使命、愿景和价值观，确保阿里创新不断，组织更加完善，在未来的市场中更加灵活，更加有竞争力。这个机制能让我们更有能力和信心去创建我们理想中的未来。同时，我们也希望阿里巴巴合伙人制度能在公开透明的基础上，消弭目前资本市场短期逐利趋势对企业长远发展的干扰，给所有股东更好的长期回报。"

马云之所以会强调愿景和价值观，等于强调了合伙人制度中"人"的价值。

人是社群动物，群居又合作是人类不断繁衍的基本条件，也是逐渐扩大生产力和生产关系的基本要素。人类的合作，从生存而来为关系而去。生存关系越强劲高效，驱动的生产力发展就越先进。所以，人是最关键的生产力。合伙，正是发挥"人"的最大价值，一个人办不到，就合作来办，必须是团队才能玩到一起，这就是合伙的价值观。有钱出钱，有力出力，有智出智，这是合伙的基础。人尽其才各尽所能，有话事权，干活有监督，这是合伙事务的分权分工。参与合伙的人，要参与到最终结果的共享分配，好处人人得，不能被垄断独占，这是合伙成果的分配。

所以，阿里巴巴合伙人制度强调的是"人"的价值，而不是资本的价值。也就是说，阿里巴巴永远不让资本控制企业。

阿里人才板凳的深度和长度在互联网是首屈一指的，一是人才的开放度，不拘一格，阿里像个磁铁石，持续招揽各路江湖豪杰，二是人才的丰富度，尤其是年龄层次和女性管理者比例，都让人格外佩服。

马云能够从容卸任，与阿里巴巴的合伙人制度密不可分。正如马云在宣布卸任决定的当天发表的公开信中提道："只有建立一套制度，形成一套独特的文化，培养和锻炼出一大批人才的接班人体系，才能解开企业传承发展的难题。而这一制度就是阿里的合伙人制。"

阿里巴巴的合伙人制是很多合伙人制度中的典范，既保证了创始人及其团队对企业的控制权，也有利于更有效地规划和实施企业战略，同时还能实现企业文化的传承发展愿景。

那么，我们可以从阿里巴巴的合伙人制度中借鉴到什么呢？

1. 合伙人的进入与退出机制

首先，合伙人的进入制度。阿里每年增选一次合伙人。由现有合伙人向合伙人委员会提名新增合伙人的候选人。合伙人委员会审核是否通过作为正式候选人。现有合伙人实行一人一票选举，得票超过75% 才能当选为新的合伙人。合伙人不限人数，推荐和培养新的人才。

其次，合伙人的退出机制。阿里的合伙人不设期限，符合以下某一情形，则丧失了合伙人资格：

60 岁时自动退休；

不在阿里巴巴工作；

死亡或者丧失行为能力；

被合伙人会议 50% 以上投票除名；

合伙人离职后将不再有奖金池的分配资格；

合伙人的进入与退出都由合伙人内部决定，无须经过股东大会。

2. 有特殊合伙人

阿里不像普通合伙制企业，推出了永久合伙人和名誉合伙人。比如，马云和蔡崇信作为永久合伙人，无须遵守 60 岁自动退休的规定，直到自己选择退休、死亡，或丧失行为能力或被选举除名，才会不再是永久合伙人。另外，阿里有荣誉合伙人，合伙人在符合特定年龄和服务要求的情况下退出企业的，比如60岁退休、或者合伙人的年龄和在阿里工作的年限相加总和等于或超过60岁的，可以由合伙人委员会指定为荣誉合伙人。

3. 保证合伙人控制权，避免资本控制企业

马云说过，我们不一定会关心谁去控制这家公司，但我们关心控制这家公司的人，必须是坚守和传承阿里巴巴使命文化的合伙人。

阿里巴巴通过建立一个对董事会成员具有提名权和任免权的合伙人团体，使所有权与控制权分离，控制了董事人选，进而决定了企业的经营运作。

合伙人拥有提名董事的权利；

合伙人提名的董事需占董事会人数一半以上（董事不足半数时，合伙人有权任命额外的董事，以确保拥有半数以上的董事控制权）；

如果股东不同意选举合伙人提名的董事，合伙人可以任命新的临时董事，直至下一年度股东大会；

如果董事因任何原因离职，合伙人有权任命临时董事以填补空缺，直至下一年度股东大会。

4. 保持使命和愿景的一致性

阿里巴巴作为创造人和创始人投票选拔出来的合伙人，在共同利益上是一致的，在经营公司的使命、愿景和价值观上是一致的，在创造价值上往往也是靠得住的。阿里巴巴只有在受控的合伙人委员会领导下，才能保持长期健康发展，才能从根本上确保所有股东的利益。

阿里巴巴合伙人多次提及："最了不起的是我们已经变成了一家真正使命愿景驱动的企业。我们创建的新型合伙人机制，我们独特的文化和良将如潮的人才梯队，为公司传承打下坚实的制度基础。"

阿里的模式并不是完美的样板，但却让我们看到了马云的商业和组织能力，叠加"愿景、使命、价值观"的体系，帮助阿里成为好公司，然后把接力棒交给继任者，正如马云在阿里巴巴成立 20 周年年会时讲的那句，今天不是一个人的选择，而是一个制度的成功。我想，这些正是企业需要向阿里学习的地方。

二、华为公司的"虚拟股"合伙模式

业界流传着一句话，华为的员工前三年靠工资，三年后靠奖金，五年后主要靠分红。这得益于华为的合伙人制度。任正非在构建薪酬结构时，提到 1:1:1 的基本框架，即基本工资（维持员工基本生活所需）；奖金（个人有优异的表现与贡献）；分红（团队共同创造的价值）。这个理念到现在也不过时，因为他强调了员工个人价值与团队价值的共赢与平衡。

华为企业很大，但从未受资金链现金流的制约，解决之道就是内部股权。华为的员工将自己的收入、存款甚至借贷给华为，换得公司的股份，而通过大家的努力创造高利润来回报大家，这样华为就不像其他制造业从银行贷款，资金成本低，安全性高控制了资金断流的危机，这样的股权形式不但实现利润，还能留住核心人才。任正非曾告诫员工："在公司改变命运的途径有两个，一是奋斗，二是贡献。"在号召大家奋斗、贡献的同时，任正非也给大家吃了一颗定心丸，他的一句"分钱名言"这样说："在华为二十年所做的最重要的事，就是分钱。把钱分好了，组织就活了。"

员工奋斗与组织分钱，其实就是合伙人裂变模式的基本内涵。基于这一理念，华为建立了独特的分钱机制——即华为股权激励计划。让员工购买公司的分红权，把员工发展成为公司合伙人，通过分红来激发员工源源不断的动力。吸纳员工成为公司的合伙人，最大强度地激发员工工作的动力与热情。同时，分红权是通过合伙人的虚拟股份制度执行的，并不会牺牲公司创始股东的真实股权。

虚拟股是怎么一回事呢？华为赴美学习，最终带着"虚拟受限股"激励制度回国。然后从 2001 年开始通过公司股东大会，推出了《华为技术有限公司虚拟股票期权计划暂行管理办法》，并得到了深圳市体改办的批复同意。

该计划的核心内容如下：

（1）华为公司员工持有的原股票被逐步消化吸收，转化为"虚拟受限股"（以下简称"虚拟股"）。

（2）华为的虚拟股没有公开市场的价格体系参照，采取的是每股净资产的价格，但具体计算方式不予公开。

（3）持有员工的权利仅限于分红和股价增值收益，不涉及产权。因此，掌握实际权利的仍是华为控股股东会。

有了该计划以后，华为开始实施员工的持股改革。新员工不再派发 1 元股股票，老员工之前持有的股票也转为了期股，也就是虚拟股。由华为工会负责发放，考核标准和发放股票数，来自员工的工作水平和对公司的贡献。员工获取虚拟股的价格以公司当年的净资产价格为准。拥有虚拟股的员工，主要收益发生了变化，除了可以获得一定比例的分红外，还可以获得虚拟股对应的公司净资产增值部分。

每年，对于表现优异的华为员工，工会通常会与他们签一份合同，合同里就是他们能够认购公司股票的数量。这份合同签完以后交回公司保管，没有副本，也不会有凭证，但员工通过一个内部账号可以查询自己的持股数量，其股权全部由华为工会代持。拥有虚拟股的员工，可以获得一定比例的分红，以及虚拟股对应的公司净资产增值部分，但没有所有权、表决权，也不能转让和出售。在员工离开企业时，股票只能由华为控股工会回购。

从虚拟股计划开始，华为公司虚拟股执行价是逐年递增的，员工的年收益率也随着虚拟股执行价的递增而逐年增加。由此，起到了显而易见的激励作用，员工收益的主要来源不再是固定分红，而是对应的公司净资产的增值部分。如此一来，员工的积极性会大增，给公司干等于是给自己干，给自己创造利润等于给自己创造更多的虚拟股回报率。

为了让激励发生更大的效力，华为还规定了员工的配股上限。比如，13 级的员工持股上限为两万股；级别为 14 级的员工，持股上限为五万股。这样一来，老员工受到限制，给新员工持股留下了发展和进步的空间，这也是培养人才的一个根本手段。

经过十多年的连续增发，华为虚拟股的总规模已达到惊人的

134.5 亿股，在华为公司内部，超过 8 万人持有股票，收益相当丰厚。

当然，这种虚拟股属于长期激励状态，时间一久，员工难免产生产拿着股票混日子，导致内部分配不公的现象。由此，华为在 2013 年又一次进行股权激励改革，推出了"TUP 计划"，英文全名为 Time Unit Plan，就是"时间单位计划"。这是一种现金奖励型的递延分配方式，虽然也属于中长期的激励模式的一种，但会每年根据员工的岗位和级别、绩效等因素，给员工一定数量的期权，期权不需要员工购买，五年为一个结算周期，接近于分期付款。预先给出获取收益的权利，但要想将权利全部兑现，需要在未来凭表现逐年实现。

例如，2014 年公司授予员工 6 万股的 TUP，授予价格为 3.25 元/股，员工不需出资，且当年为等待期，不享受公司的分红。2015 ~ 2018 年为员工分期解锁期，即分别享受 1/3、2/3、3/3 及 3/3 比例的分红。

同时，华为对该员工 2014 年的授予的期权进行结算，假如 2018 年华为的股票价格（即回购价格）为 8.42 元/股，及 2018 年分红为 20 万元，则 2018 年员工获得回报 =200000+60000×（8.25−3.25）=500000 元。回购完成后，华为对这 6 万股期权进行清零。

TUP 股权激励运作非常简单，也没有法律风险，华为最开始还是在海外员工中试行，然后在华为全员推广，一般 TUP 股权激励三个月内就可以在企业落地并取得效果。华为推出这种非终身制的股权激励方案，五年到期清零，让拉车的人总比坐车的人先拿收益，平衡了公司当前的奋斗者和历史英雄。

TUP 股权激励计划是所有股权激励的试金石。5 年是一个员工的奋斗生命周期，也是员工职业发展阶段的结束和新阶段开始，TUP 很好地辨别员工是否是企业的命运共同体，或只是利益共同体。

TUP 与现行的虚拟受限股结合，可以解决任正非多次批评的"财富过度集中到部分人手中，从而导致基层员工无缘分享公司发展红利"的问题。

如果实现华为的这种虚拟股模式，需要注意哪些问题呢？

（1）虚拟股依赖于公司的现金流，一家没有现金流的企业员工也不会觉得该企业的虚拟股会是有价值的，因此，虚拟股必须有利润的支撑。

（2）虚拟股的制度实施时间最好在企业快速发展期间，增长速度要跟自己的初创阶段去对比，而不是跟同行去做对比。

（3）虚拟股和 IPO 无法实现共存，因为股权结构不够清晰、实际控制人不够明确，股东人数过多等因素，实施虚拟股制度的公司是无法上市的。

（4）对于小企业来说，能否像华为那样在内部形成将虚拟股转化为实股的成熟制度，也会是一个需要解决的问题。

三、万科"事业合伙人"模式

说起万科，可谓江湖上无人不知，无人不晓。它是全国年销售额超千亿的房地产公司，也是中国最大的专业住宅开发企业。万科让人称道最多的是它的事业合伙人制度。

万科最初是职业经理人模式，就像万科董事会主席郁亮说的那样，虽然职业经理人可以共创、共享但没有共担。一旦遇到巨大的行业风险，职业经理人很难靠得住。所以，职业经理人会渐渐消亡，取而代之的是"事业合伙人"。这段话深刻地揭示了万科事业合伙人制度的主要目的。

万科事业合伙制一是集团层面的合伙人持股计划；二是项目层面的跟投合伙制（跟投制是除了高层如董事、监事、高级管理人员）之外，其他员工可自愿参与公司项目投资，投资总额不超过所投项目峰值的 5%。这种跟投正是万科事业合伙人制的创新突破点。

万科事业合伙人制度分为三个自上而下的层次：高层持股（事业合伙）、中层跟投（项目跟投）、基层实践（事件合伙）。

第一层高层持股，也称为命运共同体，也就是把高层发展成为核心合伙人。公司的核心团队拥有共同的使命推动和传承集团的愿景和价值。实现共识共创共享共担共商，设计的重点是事业梦想的梳理，未来发展规划的共识，未来重大事项的决策机制，主要考核是价值观层面。

第二层中层跟投，也称事业共同体，把关键高层发展成持股平台股东，匹配股权顶层设计，完善中长期激励，通过持有所在主体公司的股份，与主体公司的未来绑定；特点是共创共享共担，设计的重点在于股权激励数量的配比，收益的测算，未来战略目标的达成，考核的是公司及个人层面。

第三层基层实践也称为利益共同体，要把关键骨干发展成小老板，各业务模块，各部门，匹配利益分配，组织创新，独立核算，自主经营，让员工有当小老板的感觉，实现自运行。通过机制的设置与公司形成利益共同体，特点是共创、共享。设计的重点在于找到利润单元，整个收入的划拨，财务的核算，利润的分配，合伙人的升级，考核的是部门和个人层面等。

万科事业合伙人的具体工作是如何展开的呢？

1. 核心骨干持股计划

万科把不断滚下来的集体奖金委托给第三方公司。所以，像郁亮说的那样，万科有将近3000个骨干员工持有了万科百分之四多的股票，虽然很少，但是员工也是万科第二大股东了。

他们的身份转变为职业经理人和事业合伙人二合一，既为股东打工也为自己打工。困扰我们多年的问题——股东跟员工应该谁摆在前面——终于解决了，因为我们身份变得一致了，从利益基础上变得一致了。

2. 中间的项目跟投制度

除了骨干员工持股之外，其他员工也需要激励。所以万科还采用了和 PE 相似的做法，就是跟投所有的项目。

这个制度不但解决了投资的问题，大家跟投就解决了钱的问题。而且跟投之后实名举报比以前多了，因为之前有损害公司利益的行为员工认为跟自己没关系，所以基本上会出现两种情况，一是事不关己高高挂起，二是匿名举报就不错了。

而项目跟投以后不一样了，员工会觉得损害公司的利益就等于损害自己的利益，肯定不会坐视不管。所以，这是万科事业合人跟投制度的创新与发展。

3. 执行层的事件合伙人

公司一旦发展壮大以后难免会有责权利划分不清的问题。而事件合伙人正好是解决这个问题的手段，比如遇到"给客户省成本"这件事，临时组织事件合伙人参与到工作任务里面去，事情解决就解散，回到各自部门。

这样带来的好处是，不再以"职位高低"来推选事件解决组的组长，而是可以推选最能解决问题，最有发言权、对这件事最有研究的人来当组长，这样收到的效果最好。

所以上面持股计划、中间项目跟投和底下事件合伙，构成万科事业合伙人的三个做法。

万科事业合伙人持股计划有几点优势：

（1）资金是集体性的，可以撬动杠杆。

（2）能够根据增加股比加大控制。管理层可以拥有更多的董事会、股东大会的表决权，对于夯实控制权意义重大。

（3）绑定了员工，强化了管理层与股东之间的共同进退关系。

基于这样的项目跟投合伙机制，万科可以达到以下目的：

（1）责任共担，利益共享。跟投之后，公司的一线管理层和项目的直接管理人员都会自觉增加对项目的关注度，以"投资者＋管理者"的身份更高效地发挥工作热情，将工作执行到位。

（2）建立机制，进退有序。在跟投计划满18个月后，若跟投人员想要退出计划，可以按照同期贷款基准利率付息兑现收益。

（3）加强管理，设置上限。跟投的上限是项目资金峰值的5%，确保了跟投者既有利益可以分享，又不至于因权利过大而干扰项目实施。

四、碧桂园"项目跟投及同心共享"

在房地产行业，除了万科让人们津津乐道之外，还有一匹更大的黑马就是碧桂园的合伙项目跟投及同心共享，尤其是后者，让碧桂园名声大噪，而且实现平均年化自有资金回报高达 60% 以上。就像碧桂园高层在对外宣称的那样：

最初碧桂园靠高佣金、高费用的渠道营销，当下实现了高分红、敢于兑现的合伙人模式，碧桂园是一家真心舍得的公司，尤其近几年，碧桂园一直用更大的平台和更高的收入给团队打鸡血和注入核心动力，最终碧桂园所有人都在玩命地干。因为跟投者都清楚，这不仅仅是给碧桂园干，也是给自己干，自己也是小老板。

同心共享跟投后，员工不仅仅开始关注企业的利润，还关心企业的成本，比如能够省下 1 万元就有 10% 即 1000 元是自己的，所以他们会在创造利润的同时，对于成本能省则省。这就是项目跟投以及同心共享的力量。

碧桂园从 2012 年开始推出"成就共享"计划，也就是当项目的现金流和利润指标达到集团要求，就可获得高额的奖金包。到 2014 年，推出"同心共享"在原来的"成就共享"上进行了升级与提升，是一种项目跟投的合伙人模式，管理层强制投资，员工自愿跟投，公司为员工提供低于贷款的配资，帮员工用杠杆撬动更大的回报。它极大地激发管理层和核心骨干的主人翁意识，跟投人都从过去打工者变成小老板，思维上从过去专注效率的"运营意识"升级为专注利润的"经营意识"，碧桂园组织活力瞬间爆发。

2017 年，碧桂园以销售业绩 5500.1 亿元首次超过万科，成为业内最大"黑马"。能在几年内取得如此成绩，与其合伙人裂变模式密不可分。

同心共享的参与人员：

（1）集团总部董事、总裁、副总裁、中心负责人及其他高管强制跟投。

（2）区域总裁及其他高管强制跟投。

（3）项目负责人（如项目总、营销总等）强制跟投。

（4）具体负责项目拓展、投资跟进人员也要求强制跟投。

（5）其他管理层员工自愿跟投。也有员工自愿放弃名额的。

同心共享的跟投比例：

集团设立投资公司，每个区域设立各自的投资公司，集团和区域管理团队对每个新项目进行上限为 15% 权益的跟投。

这 15% 的比例划分为：集团投资公司对所有项目都要跟投，跟投比例从 1%～5% 不等；区域投资公司必须投自己区域的所有项目，每个项目最高跟投比例不超过 10%。对于区域投资公司来说，在跟投大体量项目时，要设置最低投资额。

也就是说，碧桂园对每个合伙人机制项目都设定了投资限额，其中集团持股≤85%，总部高层管理人员持股≤5%，区域员工持股≤10%。虽然，区域员工对项目的投资额度大，但所需投资的项目数量少，只需投资本区域的新项目即可。而公司高管人员则需要投资公司所有新项目，因此投资上限降低至5%。

之所以要设定限额，是为了将员工承担的资金压力和投资风险控制在可承受的范围内，形成良性的员工与公司共同投资、共享利益、共担风险的激励模式。

项目跟投的资金来源：

员工自筹资金，集团公司为员工提供一定额度的低息贷款或帮助申请贷款。如某项目投资跟进人员共负责跟进2个项目，公司要求他每个项目跟投10万元，两个项目共20万元，集团可提供贷款12万元，按同期银行贷款利率计算利息。

同心共享带来的改变：

（1）项目开盘时间周期缩短，由之前的6、7个月缩短至3、4个月，同行业的效率一般平均开盘周期为8个月。

（2）回款的速度加快，由之前10～12个月缩短到8个月。

（3）成本下降，净利润提升。

（4）自有资金年化收益率由30%左右提升到65%。

（5）销售额大幅增加，企业跃升至全国三甲。

这项计划的实施意味着，公司高管和普通员工都成为了股东，每个新项目就是一个独立的股份所有制公司。因为同股、同权、同责、同利的合伙人机制，所有环节的负责人都将自己的利益与项目挂钩。

就如碧桂园前CFO吴建斌所言，碧桂园的跟投制度"同心共享"让关键员工和公司的关系突然发生了重大变化：不仅仅是老板和伙计的关系，而同时也是大老板和小老板的关系。这也使碧桂园此后三年业绩呈现爆发式增长，并且登顶全国地产商销售冠军。就连碧桂园的员工都说"我们不炒房，炒房太低端了"。

当然，再好的模式也需要适应不断发展的经济社会，项目跟投和同心共享为碧桂园的规模扩张提供了很强的动力，但随着经济大环境房地产行业从"黄金时代"渐渐往下走，这套激励机制的短板也开始显现，造成的弊端是严苛的惩罚机制，意味着项目层面需要承担较高的经营风险，一旦项目层面为了"求稳"，就会少一些创新的机会。这是未来我们借鉴碧桂园合伙模式需要注意的地方。

五、海尔合伙人打造"自主经营体"

传统企业在经营的过程中，往往会遇到一个比较难以控制的问题，就是无法将目标、市场、分配三个基本元素有效整合在一起。为此，目标的制定、考核的薪酬、激励的改善，成为很多企业的老大难，越是想要平衡各方利益，越发现牵扯太多，无从下手。海尔也曾多年寻觅方法未果，直到开始效法合伙人机制后，从中裂变出的"自主经营体机制"终将这次难题彻底解决。

什么是"自主经营体"呢？是指在用户需求的推动下，由企业内部来自不同职能部门的市场数据连接各环节（包括市场、企划、研发、生产、供应链、渠道、人力、财务等），组成的能够共同对用户需求进行反应，并能独立核算投入与产出的自主经营团队。

自主经营团队的核心价值，就是打破了公司原有的职能部门界限，形成了跨部门、跨区域、跨项目的综合团队。通过损益表、日清表、人单酬表等核算方式进行独立核算，促使每一位身处其中的员工主动工作。

通俗的意思就是，将企业划分成若干小的组织单元，这些小的组织有自主的经营权、决策权和分配权，让他们自己经营自己的组织，这在很大程度上激发了员工的活力，提高他们的自主能动性。

海尔自主经营体为适应时代进行不断创新和完善，才保证了海尔合伙人模式的良好发展效果。具体是怎么运营的呢？

1.公司进行了内部结构的转变

大部分企业采用的是"金字塔结构"，塔尖的职位最高。当人们发现这个模式已经越来越滞后，所以开始采用"倒金字塔模式"，也就是"倒三角结构"。三角的尖端朝下，意味着公司管理层从最高处降到最低处，而且整个组织的重量都压到这个小尖角上，管理层的责任比以往更重了，对广大员工的依赖也更多了。

海尔的倒三角模式，最顶端是销售和服务人员（他们是与顾客最直接接触的员工），往下是各个部门，顶端员工将市场需求向下反应，保证"市场"为企业各种行动的起点。将每一位员工从被管理的客体改变为参与经营的主体，实现了"人单合一"。

"人单合一"中的"人"就是海尔的员工，"单"是用户价值，"合一"就是员工的价值实现与所创造的用户价值合一，本质就是每个员工都应直接面对用户，创造用户价值，员工是因用户而存在的，这个核心就是以自主经营体贯穿始终的倒三角模式。

这种模式激发了员工的自主意识，提高了员工的自觉能动性。研发、制造、营销的一线员工拥有了是否开发某项产品或服务的决策权，并且可以倒逼二级经营体，让其提供资源和流程支持，二级经营体可以倒逼三级经营体；三级经营体也就最高层的管理者，他们不再"发号施令"，而是要保证不同经营体之间能够有效协同，从源头上关注用户需求，进而与外部的用户需求串联起来，提升其竞争性。

2. 员工身份开始转变

每一个员工不仅仅是一个独立的个人，还是一个微型的"自主经营体"，也就是说，员工把自己当成一个自主经营、自负盈亏的小企业。因为海尔为每个员工设计了一张财务报表，也就是"员工个人自主经营体损益表"，上面将每个人的支出与收入清楚列明，员工必须对自己负责，并对自主经营的整个流程进行控制，争取在周期内实现利润突破。如果是连续两个周期亏损的"自主经营体"，公司就要做出人员调整。所以，每个人都会对自己负责的损益表非常在意和积极，盈了和自己相关，亏了就得被换掉。这样有一股无形的压力和动力，促使每个人积极性增强了。

3. 企业的功能发生了转变

很多人都知道，每个企业都是通过创业得到效益的，但员工一旦进入企业打工等于被剥夺了创业的机会。海尔的"自主经营体"使每一个员工有了在企业创业的可能，也就是说，海尔企业成了员工的平台，他们从原来只能执行命令的员工转变为企业的动态创业合伙人。

海尔有八万多名员工，一共形成了 2000 多个自主经营体。海尔通过化小经营单元的形式，带动了自身大生态圈的活力，这正是平台战略化的精髓所在。

海尔希望把所有的家电都变成互联网的终端，联起来以后，变成一个智慧家庭。就是以一种平台的方式来运作。海尔的改革和创业的愿景，就是不把海尔做成一个企业，而是变成一个创业的平台。海尔这个平台上可能会有很多小企业，他们成为自主经营体，每个自主经营体和其他组织联合，变成一个利益共同体。

海尔集团互联网创新交互大会上，张瑞敏提出了"企业平台化、用户个性化、员工创客化"三个概念。"企业平台化"即外部平台化，指的是商业模式层面，"员工创客化"即内部平台化，指的是组织管理层面。海尔组织结构被彻底重构，打破金字塔式的科层制结构，取而代之的是由平台主、小微主、创客构成的网络化结构。

在以用户为核心的目标推动下，海尔内部正在形成上千个自主经营体，最大的自主经营体数百人，最小的只有 7 个人。海尔的自主经营体分为三级：直接按"单"定制、生产、营销的一级经营体，为一级经营体提供资源和专业服务的平台经营体，以及主要负责创造机会和创新机制的战略经营体。员工以"抢单"的方式进入，按单而聚，这些自主经营体之间可以相互兼并，并且施行末位淘汰制。

截至目前，海尔集团已支持内部创业人员成立 200 余家小微公司。创业项目涉及家电、智能可穿戴设备等产品类别，以及物流、商务、文化等服务领域。另外，在海尔创业平台，已经诞生 470 个项目，汇聚 1328 家风险投资机构，吸引 4000 多家生态资源，孵化和孕育着

2000 多家创客小微公司。越来越多的社会人员选择在海尔平台进行创业，海尔创建的创业生态系统已为全社会提供超过 100 万个就业机会。

海尔经过这几个方面的不断转变，设计出来的自主经营体发展之路可以说是从人的定位、企业组织形成等方面进行不断的自我颠覆与升级，关注点从原来企业内部员工执行力的管控，到以市场为导向的上下游协同，再到外部驱动的内部协同，最后再到共创共赢生态圈的发展模式，进而逐步实现企业的平台化。

从整个发展历程我们可以感受到海尔对人才管理模式的变革，虽说海尔的发展模式促进了海尔业务的不断发展，但是在考虑是否借鉴这种模式时，每个企业还需慎重考虑是否符合企业当前发展规划，是否有适合的土壤让其延续。

六、永辉合伙制"淘汰混日子的人"

纵观所有的企业，员工不积极无非是觉得自己的收入和付出不成比例，或者没有更好的激励机制使员工变成企业的"主人"。所以才会有消极怠工的现象。作为大型的零售企业更是如此，往往那些干得越多的人，忍受着脏和累，却拿着并不高的薪水，这样的人要么是被生活所迫不得不找一份这样的工作来养家糊口，要么就会出现在企业当一天和尚撞一天钟，混日子的状态。这样对于员工自己和企业来说都是一种损失和消耗。

永辉超市的董事长在调研中发现了这样的问题，他开始思考，如果一个一线员工每个月只有 2000 多元的收入，他们也仅仅是解决了温饱，哪有什么激情与动力？每天上班也仅仅是混日子，领微薄的薪水而已。这样的人如何能够发自内心地给顾客真诚的服务？当员工不把企业当成"自己"的，那么在摆放商品的时候就会很随意，甚至果蔬损坏了也跟自己没关系。如此一来，就成了恶性循环，超市的商品受到损坏影响销售，从而整个超市的业绩会越来越差，员工又如何受益？

所以，永辉开始改变经营模式，先从重视员工的积极性开始，让他们愿意干，干得好，干得心甘情愿又充满动力。不能只关注如何获取外部客户，即维系老客户和吸引新客户，更应该重视自己的"内部客户"，即一线员工。

之前永辉也一直在尝试，比如在薪酬上做文章，给员工涨工资，但永辉员工众多，涨得多企业成本增加，涨得少起不到作用。所以，永辉超市最后对一线员工推行了合伙人制度。

从 2013 年开始引入"合伙制"，在试点进行的时候，发现一线员工的状态发生了改变，比之前有了活力与斗志。从 2014 年，合伙制被永辉超市在全国范围内进行推广，超市每个基层岗位都得到了积极的反应。

具体是怎么做的呢？

1. 定模式

永辉合伙人并不享有公司股权、股票，而只有分红权，相当于总部与小团队的利益再分配，属于虚拟股的激励模式。这种激励有别于常规的缴效考核制度，是"人人都是经营者"的阿米巴经营思维，相当于总部与小团队的业绩对赌。其核心是总部与经营单位（合伙人代表）根据历史数据和销售预测制定一个业绩标准，如果实际经营业绩超过了设立的标准，增量部分的利润按照比例在总部和合伙人之间进行分配。因为永辉有六万多名员工，不能以员工为"经营单位"，以门店或柜组为微单，门店和柜组就是基层员工参与合伙人计划的代表组织。一般门店派出代表与总部商谈，以一个预期的毛利额作为业绩标准。将来门店经营过程中，超过这一业绩标准的增量部分利润就会拿出来按照合伙人的相关制度进行分红：或者3-7、或者4-6、或者2-8。店长拿到这笔分红之后就会根据其门店岗位的贡献度进行二次分配，最终使分红机制照顾到每一位基层员工。

如此一来，模式变了，员工的积极性也变了。一线员工会觉得自己的服务与店里的品类、柜台、部门的收入是挂钩的，将来能够分多少红是与自己有关的。服务得好、减少商品损耗这样都能让自己得到更多的回报。这样一来，员工自主自觉地就会对果蔬轻拿轻放，不用说，果蔬的损耗率就会下降。这个模式将永辉的一线员工与公司紧紧地绑在一起，成为一个共同的利益团体，极大地降低了企业的管理成本，员工的流失率也有了显著的降低。

2. 定人

参与永辉超市各门店合伙人制度的人员：店长、店助；四大营运部门人；后勤部门人员；固定小时工（工作时间≥192 小时 / 月）。

永辉以门店为阵地辐射所有"参战人员"。以门店为单位，以门店的整体业绩和任务达成情况为参与分红的前提条件，从"前线"的营运部门，到后方的"后勤部门"，从"高级指挥员"店长到"普通一兵"的店员都要参与。

3. 定核心岗位关键人员

永辉以具有特色的生鲜经营模式起家，对于生鲜的营运岗位分工明确，职责清晰。对基层员工的能力、敬业度以及工作状态的要求很高。以果蔬品类为例，果蔬品类到达门店的这一刻便进入了营运环节。对于验收这一关要求把控严格，门店的收货员是一个非常重要的岗位，对生鲜的品质起到严格的把关作用，除了人品正直、技术过硬之外，永辉超市对这一岗位有着很多严苛条件。在发展的早期，一般情况下这个岗位都是依靠人员举荐的方式选拔。为了提高生鲜的毛利，果蔬品类过了严格的验收关以后还要经过加工进行筛选，从中挑出精品进行打包。经过初加工后的生鲜被陈列到门店。此时，前场理货员接手，按人头承包台面，负责对后场叫货和台面补货作业，保证商品丰满。此外，还有前场辅助人员，负责翻包、清洁、秤台等工作。同时，为了灵活应对市场，生鲜价格视生鲜的鲜活和新鲜度一日数变。临近闭店时理货员可以与顾客议价，经请示经理后大幅打折。由此可见，由于永辉生鲜经营的灵活性、岗位设置的细致度以及营运环节的精细化管理，使永辉对一线员工工作的质量非常依赖，这也是为什么永辉超市要进一步激发基层员工的积极性。

4. 对专业买手的股权激励

在一线员工中，永辉对那些专业的买手进行了股权激励，对他们进行更大的利益分享。买手就是永辉超市在供应链底端的代理人，对于买手来说，经过多年的探索，他们对于当地的菜品是非常熟悉的。比如到底什么时候收菜，才能保持更长时间的新鲜度？也许四五月份要在凌晨收菜，六七月份就得赶在天亮前收菜，而八九月份就必须要在前一天晚上收菜，这些知识和经验都是永辉和买手们在多年的试错后得来的，而且不同的菜品、不同地区的相关知识又都是不同的。这些专业的买手（或者叫采购）因为优秀和专业，难免有被别的超市挖墙角的危险，所以永辉会用股权激励保证买手团队的稳定性。借此将他们稳固在企业的周围，这也可以理解为是一种"更高级的合伙制"。

永辉用这些措施使员工们都非常积极参与运营，没有混日子的人，带来的直接优势是门店数量不断增加，员工数量在减少，人均效率和人均产出都在增加。永辉超市单店平均员工数从 221 人下降至 145 人，优化了人员结构；职工的平均薪酬增加，但是公司整体的人工费用率并没有增加多少。

在永辉超市还有一个有趣的现象，每个业务部门都会设定毛利目标，同时还会根据各业务部门毛利目标完成的情况进行排名，根据排名情况，每个部门的合伙人在分钱的时候都会乘以排名对应的系数。要提高毛利，只有两个手段，一是提高售价，二是降低成本，果蔬产品的售价受市场控制，很难做文章，成本方面永辉超市果蔬的采购是统一的，那只能从损耗入手来拉开差距。因此永辉超市的果蔬损耗率仅为 5%，远低于同行平均水平的 30%，减少果蔬损耗达 83%。能做到这个靠的就是"人"的主动意识，这个是一个非常难做到的，但永辉做到了。

当然，任何一种股权激励或合伙运营，都是一个系统的工程，涉及企业实际情况，以及战略、绩效管理、财务管理、人性把握等各个方面，每个企业的行业不同，创始人的风格不同，所处的企业发展阶段也不一样，要想把股权激励踏踏实实地导入下去，还是需要下一番功夫的。

七、复星全球合伙人实践

前面我们讲的企业合伙案例都是在国内进行的，复星集团却把合伙的眼光和步伐迈向了全球。复星如何打造全球合伙人机制呢？回顾复星的成长历程不难发现，公司从创业伊始就在孵化合伙人机制需要的企业文化——企业家精神、尊重专业。

复星初始是同学间联合创业的产物，先是郭广昌与梁信军出资注册了广信科技咨询，不到一年赚了钱之后转型做房产销售，很快赚到了千万。在这个时期，汪群斌等合伙人加入，广信更名为"复星"。1995年，公司研发并推出了PCR乙型肝炎诊断试剂，凭借这一产品，公司赚到了一个亿，并且建立了覆盖全国的药品销售网络。1998年，复星医药在上交所上市，融资3.5亿。同年，复地成立，地产业务由销售转为开发，从而形成医药和房地产两大业务板块。至此，合伙人之间才明确了各自的股权比例。但复星的比例是动态的，意在希望有更多的人加入进来共同创业。在界定股权比例的同时，复星创始合伙人在决策机制中达成的共识是，"专业的事交给专业的人去做"，这一点从早期生物制药领域开始就一直沿袭至今。尊重专业的做法为复星日后合伙人机制的建立埋下了良好的文化根基。

复星的成功，得益于企业在经济发展的各个时期，准确把握住了机会。1999～2007年是复星的并购扩张期。1998年复星医药的上市，让复星看到可以借用资本链条进行产业扩张。2002年复星收购豫园商城，获得零售业相对稳定的现金流以及充裕的土地资产。巧合的是，豫园商城拥有童涵春制药厂53.33%的股权，复星本就在医药领域有所作为，此次收购可谓一箭双雕。2003～2007年期间，复星通过并购陆续进入钢铁、矿业、金融及战略投资领域，与原有的医药、房地产、零售形成六大业务板块。这些板块为日后"投资＋保险"双轮驱动的发展模式打下了基础。

就像郭广昌在给复星人的一封信中，写到，截至今天，复星也逐步成为了一家植根于中国的、有全球竞争力的跨国企业。复星有"保险＋投资"双轮驱动业务模型；在全球化上致力于"中国动力嫁接全球资源"；我们找到并积累了深入产业、整合和深耕产业链的优势；我们愿意通过不断努力为客户和更多的人在"财富""健康"和"快乐"三大核心痛点上提供更好的产品、服务，并以此为社会创造更大的价值。这是复星的愿景、事业与核心战略，也是复星作为一个企业组织存在的重要意义。

复星全球合伙的几个特征如下：

1. 中国动力嫁接全球资源

复星在国外做投资收购，会关注它的产品或它的技术和中国市场、中国消费者的对接。比如复星投资地中海俱乐部，因为当时考虑到整个中国的消费群体会有升级需求，同时，地中海俱乐部的业务模式不简单是一个人度假，而是家庭式的度假。复星投资以后，一方面帮地中海俱乐部加大了中国游客的数量，另一方面也帮它在中国发展。

2. 人才先行

复星合伙人徐晓亮说，任何一件事情、一个组织的发展，最终是靠人、靠团队。我们主要关注以下几个点：一是关注每个个体的意愿，强调自我驱动。二是在复星这样一个平台发展，每个人都会感觉到自己的能力、过往经验会遇到瓶颈，因为发展太快了。但是人的潜力很大，怎么把潜力发挥出来？就是学习，每天学习，保持学习的状态。三是心态。你很有本事，但是你不愿意跟人合作，只能一家独大，这样在我们生态里也是不行的。这几个方面是我们整个组织生生不息非常重要的因素。

复星的合伙人不是终身制，每年都会有新增和退出。复星全球合伙人有两类：一类是能独当一面，为复星做出巨大贡献的人；另一类是深刻认同复星的文化和战略，年富力强、有巨大发展潜力、愿意不断向高处攀登的同学。

复星在人才招聘上国际化是一个很基本的元素。复星对人才的吸纳有两个方面的要求：

（1）要求国内的人员要有国际化的视野，人在国内，具备强大学习力和敏感度也包括在内。另外，复星特别强调海外人才的本土化。复星如果在海外投资一家公司的话，也不会大量地派国内的人过去，这也是复星的一个特点。

比如，复星在葡萄牙投资它最大的保险公司，这家公司占了葡萄牙市场的1/3。这么大一家公司投完以后，复星一共派了一个CFO。

（2）法人治理，复星重视整个团队的创业精神，是不是和复星的发展想法相一致，在团队的选用、激励机制、梯队建设，这些方面会一起花精力去设计。复量在日本投的一家资产管理公司找当地的日本人派进去，不派中国人。复星重视人才的本土化建设。

（3）重视企业文化建设，复星认为，不管到哪一个国家或者市场去做业务去发展，团队的企业家精神是最关键的。团队有了创业精神、有企业家精神，很多事情就很容易达成共识。

在薪酬和股权激励方面，复星追求事业合伙平台＋个人模式。复星"中国动力嫁接全球资源"的落点就是满足客户的需求，为了做到这一点，复星需要最优秀的企业和团队加入，他们是懂资本、懂产业发展且具有全球视野的人才。复星设立一套机制将人才作为资产来管理，加以保值增值。早在复星推出全球合伙人机制之前，集团内相关事业板块便已开始实践事业合伙人机制，其事业合伙人的核心理念就是把职业经理人变成企业家。

2015年复星设置了委员会制度，由各业务的董事总经理和执行总经理构成。此外，这些人也是各条线的事业合伙人。这一组织架构的扁平化和网状改造，为复星推行全球合伙人机制打下了良好的基础。2016年复星正式推出全球合伙人计划。在针对全球合伙人的激励机制上，复星采用了期权，鼓励合伙人在既有业务存量的基础上，创造更多增量价值。在期权归属比例的安排上，采取前低后高的模式，要求合伙人有持续的价值贡献，并愿意长期与复星共同成长。每名全球合伙人在授予日满五年起，方可首次行权，且最高可行权数量仅为其获授数量的 20%；至授予日满六年时，合伙人方有额外的 30% 获授期权可行权；而合伙人全部获授期权可行权，需要在授予日满七年之时。当然，能否行使获授期权还有一个重要前提，就是能够通过特定的胜任度考核而不被淘汰，持续成为复星全球合伙人中的一员。全球合伙人期权计划则面向集团顶层合伙人，基于"平台 + 个人"的定位，从合伙人资源与价值贡献的角度考虑个人激励额度。

复星虽然有期权激励，但复星强调"我们从来不用薪酬吸引，我们就是用发展吸引人"。复星用绩效考核人，用工作培养人，重视结果导向，人才战略最终也要关注目的和效果。

有趣的是，全球合伙人与集团其他员工在复星内的称呼却并无二致，"同学"是大家共同的身份。集团文化的扁平化，最终，使一个合作共享、扁平高效的企业内部经营管理平台模式，得以实现。

八、小米合伙人模式的启示

很多手机企业都在积极布局合伙人模式，比如 oppo，苹果，小米等，这其中小米的模式有很多值得我们参考的地方。无论是同股不同权，还是把员工和粉丝都吸纳为合伙人，小米是一个合伙制运用很成功的企业。

在创办小米之前，雷军发现，能够把事业做好的前提还是得有人，于是寻找靠谱的硬件工程师成为了首要任务。在找人方面，初创企业往往都是一穷二白的，雷军凭借多年打拼各界的人脉，于是连续无数天进行不断电话联系和茶话会，以此来说服硬件技术人员加入。无疑，这对团队建设是非常成功的，好的团队是产品的保障，创业成功的必要条件之一就是拥有好团队。

说服了人才的加入以后，下一步就是如何绑定他们不至于流失，小米的办法就是推行全员持股、全员投资计划。小米初步阶段将近60名员工，自掏腰包投资了1100万美元。这种方法就把初创时的员工变成了老板，大家都非常积极开展工作，以期得到各自的回报。这也是小米合伙模式的雏形，从此小米就不断发展了，到2018年上市，市值直逼千亿美元，成为近几年全球最大的IPO。

小米一共14000多名员工，有5500多人拥有公司期权激励，比例相当大。之所以形成大量员工持有期权的局面，跟小米提供的可选择的报酬有关。任何人加入小米时，都时面临三个选择条件：①可以选择和跨国公司一样的报酬；②可以选择2/3的报酬＋股权；③可以选择1/3的报酬＋股权。提供股权激励的门槛设置得很任性，任何工作表现好的员工都可以得到，比如客服人员只要工作半年以上，符合考核标准就给期权。

最终，10%的人选择了1/3工资，80%选择了2/3工资，剩下10%的人选择跟跨国公司一样的报酬。

那么，小米的合伙人制度有哪些值得我们借鉴的地方呢？

1. 团队大于产品

没有好的"人"，就不可能有好的"产品"，雷军之所以能把企业做得这么好，来自早期团队的人才吸纳与打造。小米选人并不是泛泛地什么人都可以拉入伙，而是寻找能够独挡一面的合伙人。小米的合伙人在今天是各管一块，如果没有什么事情的话，基本上都不知道彼此在干吗，也不会管彼此。同时，小米的核心工程师，一人能顶一百个人，小米不惜重金挖掘最好的人才，最好的人本身具备很强的驱动力，只要把他放在自己喜欢的事情上，让他自己有玩的心态，才能真正做一些事情。

2. 把合适的人放在合适的位置

合伙人不仅是愿意赚钱的人，更多是要有梦想，想要创业的人。在小米创办四年后，市场估值达100亿美元，业界把小米看作创业的明星公司。但在这种前提下，小米找人依然需花费巨大的精力。主要因为小米想找的人才要最专业，也要最合适。最合适，则是他要有创业心态，对所做的事情要极度喜欢。员工有创业心态就会自我燃烧，就会有更高的主动性，这样就不需要设定一堆的管理制度或KPI考核什么的。所以，想要打造合伙制企业，找愿意创业的人，有激情的人是一条真理。

3. 让员工感到舒服是最好的激励

无论是传统企业还是互联网企业，再或者是合伙人企业，最根本的一点还是要想员工所想，让员工感觉舒服，他们才会自我燃烧。让人在企业里体验到"爽"，是一条重要的留住核心人员的铁律。雷军在做小米之前已经是很有名的天使投资人之一，名利钱都不缺。他之所以开创小米事业，是受梦想驱动，想做一个让团队一起"爽歪歪"的伟大公司。所以在这种时候，从合伙人到小米核心员工，都给了足够的利益上的保证、授权和尊重。不少公司也都用期权激励员工，但只是到了临近上市才说期权是多少。但雷军跟他的合伙人、核心员工一开始就讲得很清楚明白，把事情都摆在桌面上，这份明明白白的利益驱动，就是让员工感觉舒服的地方。

4. 忘掉 KPI 组织结构扁平化

绩效考核是大部分企业常用的手段，可以说，这是一种积极的手段，但并不是最好的手段。大家都把绩效放在第一位，满心都是竞争力，除了压力之外还有不择手段。如果忘掉 KPI，情况则会有根本的改变。小米就是这样做的，他们内部是扁平化的管理，不靠 KPI，靠的是用户反馈推动内部进行响应和驱动，从而实现快速迭代。比如他们 MIUI 的开发，MIUI 的设计师、工程师内部全部泡论坛，每周快速根据用户的意见来迭代。甚至内部奖励，不是老板今天心情不错，然后说你做得好，而是全部依靠用户票选出来，大家公认的好设计才是好。这种力量是循环互动的，当你很认真地对待用户的时候，用户也会用心对待你。有玩者之心的团队不靠绩效考核却能做出更大的绩效。虽然没有 KPI，但小米的员工一天工作接近 12 小时，而且这样的状态已经持续 4 年。网上有人问"如何看待小米 6×12 小时工作制？"，一位小米员工回复说："坚决反对加班。但是如果是创业就算了，创业意味着工作就是生活，何来加班？我每时每刻都在工作。"

5. 打破了粉丝和员工的界限

小米的员工在入职的时候都会领到一台工程机，当作日常主机使用。然后让员工在内部申领几个朋友邀请码，可以让员工的朋友在网上优先购买资格送给亲朋好友，让他们也使用起来，最后把用户当成了朋友。小米内部不仅让员工成为了产品的粉丝，甚至还尝试让粉丝成为员工，小米新媒体运营团队，很多都是从粉丝中招聘过来的。不少用户在现场体验过小米之家的服务后，会选择申请来小米工作。他们说小米的服务和别人不一样，像对待朋友一样，用心而且氛围轻松。

6. 用环境塑造人

我们都知道，人是环境的产物，好的环境能让人心变好，杂乱的环境也会影响心境。所以，小米不但重视员工使用产品的体验，同时也重视员工日常工作环境的体验。无论是办公场所还是产品内部库房中，都要求干净利落美观大方。小米之家的员工每天工作的地方，面对的是漂亮的柜子、漂亮的盒子，还有宜人的绿植、咖啡机和一些精致的摆件，这样让每个员工由内而外散发着幸福感，体验到身心愉悦。同时也暗示了员工小米品牌的品质与服务。这是一种"美"的体验，因此，当小米之家的员工在工作的时候，他们会自觉地把工作环境收拾得干净和整洁；当小米的客服员工在交接班的时候，都会把办公卡位收拾整齐，把椅子摆放好了再离去。当员工用心爱一个地方的时候，就会生出更多的主人翁意识。

小米正是用重视人才，不用制度用创业梦想和激情留住人才，然后又从不断提升员工和用户体验激发人才，才有了让猪起飞的梦想实现。

第六章

从当下到未来，哪些行业适宜合伙

一、金融行业：合伙不只融资

合伙制对各行各业的影响都是深远的，对金融行业更是如此。合伙制对传统的金融业刺激比较大。因为，合伙制可以帮助金融业解决以下几个难题：

1. 合伙制企业的合伙人对风险承担无限连带责任

举个例子，一家做信贷业务的银行，如果采用的不是合伙制而是传统的雇佣制，那么信贷员就不会把金融风险当成自己的风险去承担和规免。假如信贷员贷出一笔款可以拿到业绩和提成，即使知道这笔贷款风险很大，也会因为业绩和提成而去冒险将款贷出去。哪怕最终风险真的来了，受损失的也只是银行，信贷员自己不会受到太大的损失。如果是合伙制的话，银行的员工是合伙人，那么信贷员一定不会明知道贷款有风险而去冒险。因为一旦无法收回，自己作为合伙人之一是要承担无限连带责任，甚至可能因此损失巨大。这样一来，当传统的金融业实施了合伙人制，就能够有效控制风险。

2. 金融业也是铁打的军营流水的兵，非正常流动屡见不鲜

采用合伙制能够提高金融机构的运行效率。人才的流失主要原因来自付出和收入不成比例，或者没有更加有效的激励机制，导致人才会这山望着那山高，习惯性地选择有更大发展前途的公司。比如，以

基金为例，基金经理以及基金高管层变动频繁，这对于投融行业或基金会来说都会带来很多负面的影响。为什么说合伙制模式可以解决这个问题呢？合伙制中的合伙协议具有一定的开放性，不受出资比例的束缚，便于投资人和管理人自主、理性设计，既能合理体现投资人的货币资本价值，又能合理体现管理人的人力资本价值，是投资人和管理人各得其所的分配和激励制度。从利润分配的角度来看，合伙人在收益方面有很大的主导权，一般收益与个人能力及贡献度息息相关，有能力、贡献大的人往往代表着利润就高，这无形中会激发一个人内在的潜力，做得更好，也更能留住人才。能者多劳，付出多少得到多少，这样的人就不会随意跳槽。

3. 能够更好地进行融资

作为金融产业，融资是其一大职能。如果按照传统的经营方法，融资渠道相对固定和狭窄。如果采用合伙制模式，邀请投资人成为合伙人的政策，这样无形中能够拓展融资渠道，获得更多的融资可能，同时也能让这些投资人变成客户，扩大自己的业务范围。比如，某金融机构与一个区域优质农业合伙，打造了一个农业产业链平台，以优质、安全的项目获得了很多投资人的支持，平台打造仅四个月时间，各投资人纷纷跟投。为了更好地为广大投资人带来利益，该平台又加了新的激励机制，如果投资人能够将平台推广邀请更多的用户，那么就能获得更多的收益。这些投资人成了该平台新的合伙人，同时不断带动更多的人参与进来。使该金融机构平台越来越大，而且轻松完成了融资业务。

未来金融机构可以设计合伙制模式，要了解合伙制企业的优缺点。

优点：

（1）金融机构可以从众多的合伙人处筹集资本，一定程度上突破了企业资金受单个人所拥有的量的限制，扩大资金来源的同时，也使企业从外部获得贷款的信用增强。

（2）金融企业自身的抗风险能力增强，因为风险分散在众多合伙人身上，共同承担连带责任，比之前单一业主制企业的抗风险能力大大提升。如此，就能腾出更多的精力与资金拓宽企业发展空间。

（3）由于是合伙人制，合伙人对企业盈亏负有完全的责任，这意味着所有合伙人都以自己的全部家当为企业担保，从而有助于提高企业信誉，也能够激发员工的积极性，发掘更多的潜力促进金融项目的发展和创新。

（4）合伙人中出资人或投资人人数的增加，突破了单个人在知识、阅历、经验等方面的限制。众多经营者在共同利益驱动下，集思广益，各显所长，从不同的方面进行企业的经营管理，必然有助于企业经营管理水平的提高。

缺点：

（1）合伙制模式是根据合伙人之间的契约建立的，每当有人退出或进入都必须重新确立新的合伙关系，从而要比传统的金融企业在法律上有更多的复杂性，通过不断接纳新的合伙人，增加资金的能力也就会受到了限制。

（2）由于合伙制模式在做一件决策的时候，往往都要得到合伙人的同意，因此很容易造成决策的延误与差错。

（3）合伙人承担的风险大，因为都负有连带无限清偿责任，这就使企业如果经营不善或出现问题的时候，合伙人难逃责任。

（4）金融企业如果采用合伙制，往往会受发行股票和债券的限制，这使合伙企业的规模不可能太大。

（5）由于合伙制模式具有浓重的人合性，任何一个合伙人破产、死亡或退伙都有可能导致企业受损甚至解散，所以这也是金融企业要考虑的一个问题。

所以，未来金融企业如果以合伙制来构建商业模式的话，要根据自己的实际情况，提前规避合伙制的缺点，采用其优点，这样才能做到既利用了合伙制的好处，又能避免产生风险，如此，才能放大企业的发展与创新能力。

二、餐饮行业：合伙产生更多裂变

在餐饮界的传统认知里，认为餐饮企业要想做大做强一般传统的模式是直营和加盟。全直营对资金需求高，发展速度慢，跑起来也比较重。加盟是个不错的商业模式，能够使店的扩张加速，但是这种加盟的弊端是持续盈利能力弱，人的不可控因素增加。随着人们认知的不断提升，发现餐饮企业不像其他高科技行业，需要万里挑一的专精人才，真正使餐饮企业能够做强做大的两个根本就是解决"钱"和"人"的问题，有了大量的钱去开店，有大量人持续经营好店。鉴于此，有一种模式正好符合既能解决"钱"又能解决"人"的问题，就是合伙制直营管理模式。

在合伙制渐热的今天，许多餐饮企业的老板正在做的不是如何让自己看上去更像老板，而是不断物色优秀的人才成为自己的合伙人。

随着合伙制的盛行，餐饮行业逐渐形成了多元化合伙制的发展模式。很多投资者也认识到了合伙制的发展潜力，于是逐渐将投资餐厅或企业转移到了投资人才上。比如，那些想在餐饮业有创业想法的人，无论是美食家还是厨师，都可以吸引投资者的青睐，只要你有能力、有技术、有经验，完全可以找一个合伙人另起炉灶，成为新的餐饮企业创业者。

我们看一个餐饮企业合伙的案例：

某餐饮店（做水饺）拥有连锁店面 400 多家，员工将近 5000 人，水饺品类丰富，一个擀面工年收入 30 余万元。最初该企业也是传统雇佣制，员工不好管，餐厅效率低，服务不积极。在进行充分的分析与思考过后，其创始人启用合伙人制度并创建出新的一套合伙人打法——"358 合伙人制"。

"3"是指 3%，所有店长考核排名靠前的，可以获得干股收益，不用出资，即可分红。"5"是指 5%，如果一名店长培养出新店长，并符合考评标准，就有机会接新店，成为小区经理，可以在新店投资入股 5%。"8"是指 8%，如果一名店长培养出了 5 名店长，成为区域经理，并符合考评标准，再开新店，可以获得新店投资入股 8% 的权利。"358 合伙人制"，从实际上，解决了人才培养的三大问题：

（1）358 合伙人机制将人才培养与股权激励直接挂钩，解决了人才培养的动力问题。

（2）358合伙人机制通过股权激励将老店长的激励收益持续同新店长的绩效表现挂钩，有利于人才的长期培养，解决了人才培养的短视问题。

（3）358合伙人机制中老店长需投资才能入股新店，有利于强化人才培养的成效和责任意识，解决了人才培养的"结果负责"问题。

可见，合伙模式的创新发展是将来餐饮企业必须要布局的模式。那么，未来餐饮企业实行合伙制都要注意哪些事项呢？

1. 平衡资本价值和人的价值

合伙时代大家有了共识，认为人的价值是最大的价值，尤其餐饮企业更是重人力的行业，所以对人的激励不断被强调。但却也出现了新的趋向，资本价值被轻视。因为大部分企业在经营状况良好，没有什么不可抗力出现的时候，都觉得自己不缺资金。但遇到突发事件，导致很多餐饮企业暴露出了最大的问题不仅仅是缺人，还缺现金流。缺人可以和兄弟单位共享员工，但缺现金流却能让企业举步维艰，所以，餐饮企业资金和人力的价值同样重要，要想做好合伙餐饮企业，必须使资本价值和人的价值做到平衡。

餐饮作为重资产行业，资金的重要性不亚于人力资源，充足的现金流是企业发展的动力和基础。大部分人认为，资金用于早期，后期良性运转起来人力价值要比资金价值重要多了。这样的认识其实是忽视了资金的另一个重要的作用，就是抵抗和承担风险的能力。发展的时候靠人，但是出现突发风险抗压的时候，又要靠钱了。

不同的餐饮企业形态对风险承担方式也有不同。

157

（1）个体户或夫妻店这种餐饮店比如开小饭馆、奶茶店、早餐店或小吃店等，这种生意往往自己一家人或少量雇佣人员，在经营中不计算自己及家人的人工成本，所以经营收益也归自家。店的收入就是家庭收入，基本没有其他资源的合伙人。因此，在这样的个体户出现风险的时候，抗风险能力就是依靠个人及家庭财产。家底不足的，往往只能向亲朋好友借债求助。所以，这样的店在经营期间做得好的话，应该提前寻找合适的合伙人，以备在有风险的时候共担。

（2）合伙制餐厅。这类餐厅应用范围广，适用方式灵活。无论是一两家店的餐厅，还是一定规模的餐饮企业，甚至行业的一些龙头都在广泛应用合伙制经营。小规模的餐饮企业往往在合伙上较为随意和无序，大的餐饮连锁企业一般有自己的资源价值排序、合伙参予优先顺序以及多层次的分配方案。在这样的建立合伙制餐厅的餐饮企业、组织面对风险的时候，老板或许个人有些家底，但总部资金储备往往是有限的。除了餐厅门店的风险备用金之外，抗风险能力更多的依靠合伙人的力量，以及一定的举债能力。合伙制直营管理的餐厅组织，要留足半年的现金流，做好合伙人组织凝聚力，在危机出现时才能同舟共济。

（3）公司性质的大型直营餐饮企业。这类型的组织股权较为集中，组织更规范，盈利能力也高。企业文化建设很强大，在面对风险的时候，抗风险能力也相对较强。比如海底捞，瑞幸咖啡等。大的餐饮直营公司，一般都有自己完善的管理体系、价值评估体系以及激励方法。由于发展需要的投资重，多数都有机构资本的股权投资。直营公司制企业，在组织面对风险的时候，总部一般都有一定的资金储备。良好的财务管理能力，企业品牌的强势，长期的管理执行能力，都能让公司更好地统一调动资源对抗风险。对于这样的企业，考验的不仅仅是资本的风险，还有文化建设，企业的愿景和使命，只有能够落实到员工心理，才能真正做到强大无风险。

从以上三种餐饮企业的抗风险能力来看，如果片面只重视"人"的价值，而轻视资本的价值，会有预测不到的风险，未来的餐饮企业合伙制，要重新审视钱的价值，建立资金与人力的平衡。

2. 股东和合伙人要增强共担风险的意识

餐饮企业大部分的思维和发展逻辑都是希望不断扩大规模。于是不断扩大合伙人的参与范围，利用人的主观能动性提高参与度，这样实现跑马圈地的目的。好处当然是合伙人能注入资金的同时还带来人力资源，可以加速扩张企业规模。但是坏处也显而易见，因为快速扩张会降低股东和合伙人的准入门槛。有的老板为了留住人才，更是盲目进行股权激励，变成了股权合伙的大跃进。这么做的风险在哪里呢？因为合伙人太多，在赚钱的时候人人想要分红，但风险来的时候，谁承担呢？

如果没有风险承担能力的员工入了股，这个时候愿意拿钱出来承担亏损填补吗？这是承担亏损的意愿度问题。

这时候有能力拿钱出来吗？这是承担亏损的能力问题。

如果得到的是否定答案，那么风险依然落在了老板的头上，此时再反思一下自己的配股和激励方式，真的合适吗？

显然不合适。

所以，在进行合伙制度设计之前就要增加合伙共担风险的意识，不要为了扩张而扩张，要找到最合适的股权激励模式，稳中求进。企业在发展时要谨慎地发展合伙，将合伙人具备风险承担意愿和能力，作为加入合伙的必要条件。只要不共担风险，就不是真正的股东／合伙人。所以，做股东和合伙必须要承担风险，不仅要有承担的意愿，还要有承担的能力。

3. 股权与劳动力价值相匹配

在合伙制模式中，无非要解决给什么样的人分配股权的问题，这就是股权激励。在一个企业中，有资金方、管理者以及资源和劳动力的提供者，这些人共同创造了价值。劳动力的提供者可以量化其价值和付出，所以容易匹配相应的股权。给予其工资和绩效奖金就是固定的收入。对于高层管理者或不容易量化与监督的资源只能给予企业剩下的利润。如果加大合伙人的进入，如果没有一套可量化的股权激励标准的话，除去劳动力股权激励外，老板只能拿企业的剩余利润，这样老板和企业的抗风险能力就弱了。比如，一些国内外上市的大型餐饮企业给出去的股权并不多，像海底捞就是，但却能一路发展到上市，这样的方式就是值得借鉴和学习的模式。他们不是依靠不断扩张开店，靠分配剩余来聚拢人，而是不断提升组织观察、衡量和计算提供劳动力的价值的能力。这样才能将组织内部的治理关系，调整到符合制度经济学的原理，为企业保留合适的剩余利润，使企业具有持续的抗风险和发展能力。比如肯德基，由于做到了产品操作标准化和管理系统化，几乎所有岗位劳动力的价值，可以很好地评估和计算，因此劳动力的价值被更有效地运用，无论钟点工还是店长、区域经理，都有清晰的固定收入方式。总之，如果经营早期积累的资本，不要急于开店扩张规模，粗放式的发展只能是赚快钱或者大而不强。而是投入标准化和系统建设，直到系统逐步强大了，对劳动力的价值评价能力更强了，组织才有长远的未来。

合伙开餐厅，不要总想着站着把钱赚了，而要特别注意，不能让合伙陷入僵局。首先要预留足够的资金应急，餐饮业有淡旺季，生意好，多赚点，晴天也要备好雨天粮食；生意不好时，要熬过去，所以要预留足够的钱，不要导致发工资、买原料都成问题。其次做好退出机制：合伙中突然有人想退出，必须考虑对餐馆后续经营的影响，避免有人退出后使餐馆陷入困境。

三、影视行业：一种未来可期的新趋势

影视产业的发展，正在处于一个变革时期。互联网技术的发展，改变了传统的影视产业格局。影视业作为一个垂直产业领域，正在开放自己的边界。影视产业正在和其他所有的产业融合在一起，整个泛娱乐体系的生态正在建立起来。

影视产业是一个长长的产业链。在这条链上有很多的价值点都是可以作为商业模式来运作的。而这些点都是可以进行分解的，并且可以融入合伙制的模式。

影视产业从创意端开始，之前是和用户缺少关联性的。但现在不同了，互联网社交软件已经将影视产业的一切资源人紧紧地联系在一起了。互联网成为人们组织事业的一个平台。具体的影视项目是在平台上运行的，在充分沟通和展示的基础上，大量的用户和关系人能够决定他们是不是参与到这样的体系中，从而完成对一个影视项目的支持。

影视是个高风险的产业，如何降低风险是一个重要的问题。合伙模式可以降低和分散风险。在策划和创意阶段就开始吸纳最终用户了。

在之前的平面媒体时代，大媒体只掌握在极少数的精英手中。IP培育和名望的培育都是少数人的专利。在这种大媒体时代，由于供应信息和知识的媒体是有限的，才造就了天王巨星的时代。而现在，几乎人人都把握着自媒体。具备创意能力的个体已经可以自己独立或者合作培育自己的基础用户了。拥有大量用户基础的创意产品，比如剧本，在后期的运作中，就能够降低整个影视流程中的运作风险。

在漫长的影视产品运作流程中，不同的人能够获得不同的角色。影视业已经变成了一个众人参与的系统工程。不同的人在合伙模式之下，可以将自己变成一个大型文化影视项目的参与者，并在参与到项目中，逐步获得自己想要的资源。

过去，很多制片公司或者导演想要拍摄一部自己喜欢的电影很难，甚至想拍摄一部微电影都会因为资金或其他原因而失败。如今，越来越多的影视公司开始走合伙制路线，合伙投资拍摄一部自己喜欢的影视剧变得越来越简单。

合伙人模式在影视领域的设计是多层次的。既可以进行企业股权融资，也可以将项目分列出来，进行债权融资；或者将产业链上的重要资源穿接在一起，引入一个公认的结算机制，能够众筹一切资源，进行产品创造，并且形成公平的利益分配模式。总之，合伙人模式能够分解影视运作中的一切环节，并且将这种环节变成价值包。

影视行业＋合伙人模式能打造什么样的状态呢？

1. 让普通人都能参与影视出品

在传统观念中，一部影视剧从筹备到拍摄再到发行，似乎与普通人很难产生什么交集，普通用户只能等到电影上映之后才能去买票观看。我们也都知道，很多优秀的影视剧作品由于缺少启动资金，最终难以拍摄。当然，也有很多普通投资者想要参与影视剧的拍摄，但却因为各种各样的高门槛而不得不放弃。合伙制的推行使普通人参与影视出品成为可能，影视项目由于合伙人的参与可以获得资金来启动。彼此不但能共享影视的成果，还能享受其他衍生权益。

此前大热的《西游记之大圣归来》就是采用了朋友圈和私人众筹合伙的方式，近百位普通人成为了影片的"投资人"，影片凭借口碑效应，半个月票房过6亿，每个投资人获得了人均25万元的投资收益。当然，投资者通过参与影视众筹获得的收益并不都会如此"丰厚"。而这些局部的数据其实也刺激了市场中的投资人更多进入影视文化金融领域。尤其是对于追星的粉丝来说，既可获得收益，又有获得影视周边产品和与明星互动的机会，自然是吸引力倍增。

2. 为有艺术梦想的人提供了更大的舞台

合伙人能走到一起除了利益还有相同的爱好，尤其对于影视行业来说，一个影视的圈子，一定有导演，剧本创作者，演员，电影爱好者，影评人，甚至还有电影评估团队以及热衷于电影投资的资金方。

所以，影视合伙的本质就是把相同爱好的影视人通过一个平台聚集起来，壮大这个影视队伍。

比如，在一个影视项目平台上可以合伙开创剧本，可以找导演，可以找演职团队。影视出品人本身就是电影爱好者，电影观众，他代表一类人，他喜欢某个导演就希望给到这个导演，这是一个非常标准的市场调查。在好莱坞，很多片子做电影之前都会做很多社会调查，而中国目前做的比较少。我们搭一个平台，让更多的资源、资金方、智慧方进来，第三方平台做好评估，保证交易的安全性防范，把公平的交易规则建立起来。

影视合伙的本质，就是把未来的金融人才和影视人才实现真正意义上的互联网＋，从而带来一种变革。完全会颠覆或者改变传统的金融和传统拍电影的模式，一切不能按照大明星、大导演、好剧本、大制作，精英认为是好的为准，消费者不一定会喜欢。应该一切以普通的观众为核心，从剧本开始，从找导演和找演员开始，都是消费者共同去挑选，这就是互联网＋。当一个好的金融人才，他在项目平台发现了一个影视IP，就可以收集起来，然后通过平台上的活跃度和众人参与度发现影视IP价值和市场价值是否对等，然后实现下一步的资金投资行为。

这样，就突破了以往人才受局限的瓶颈。一些有才华的人都可以通过这种模式把自己的故事和情怀讲出来，让投资人看到。打造文化金融和人才的对接，打造一个平台，平台能够进行各种资源的重混和组合。以往，常有人呼吁，一些微电影、纪录片，制作团队往往年轻青涩，缺乏社会资源，也难以拉到资金赞助，但是他们有艺术梦想、有年轻人的干劲。影视合伙方式为年轻影人提供了便利，开拓了更大的舞台！为资本找到可投资 IP 的同时，也为青年艺术家找到了更广阔的舞台。

未来的影视合伙应该更加关注投资者自身的感受，让广大投资者获得能够切身体会到的实惠和好处。第一，稳健的收益。既然是投资，用户最为关心的当然就是收益。因此，模式创新首先要考虑的就是如何确保用户稳健的收益。通过对项目发起方进行较为严格的筛选和把控，强化对合伙项目的把控，最好是平台能够真正参与到项目当中去，用自身的亲身参与真实感受项目的进展和概况，并及时向投资者报告相关的项目进展，让投资能够及时了解项目进展。

第二，让更多的投资者感受到参与合伙的"隐形"实惠。这些"隐形"实惠主要是指一些精神层面的东西，这些东西虽然并不是用户参与的真正原因，却是直接促使用户进行投资的因素。

3. 规避法律风险，在合伙人数上有所把控，不能变成非法集资

因此，电影合伙人模式是一种新的模式，大家看到《战狼Ⅱ》的票房以及《我不是药神》的高票房，吸引了众多的社会人积极参加投资，很多社会人认为是赚大钱和高回报率高过其他任何行业，这无疑让社会在电影人的热炒下，电影合伙人模式就这样稀里糊涂地诞生了！

电影产业在未来五年确实是朝阳产业。投资一个产业首先要进行一定深度的了解，再进行投资决定，影视产业是一个组合投资的产业，更加需要具备严谨的投资风格。

四、电商行业：新一轮强强联合

合伙制走入了很多行业，电商行业也不例外。没有采用合伙模式的电商行业有高底薪＋低提成及低底薪＋高提成两种模式。采用第一个模式，员工赚钱了，但老板可能没赚钱，因此老板要冒很大的风险；采用第二个模式，很多时候员工业绩做出来了，老板却反悔了，所以员工要冒很大的风险。

无论是老板还是员工，时间一长，无论是谁坑了谁，谁吃了亏，只要感觉不爽，就会想办法解决这种不好的体验。于是，电商开始积极探索新的模式，那就是事业合伙人，按股权分成。

很多企业都在淘汰过去的"老板＋下属"的模式。电商行业想要创新发展，也需要积极布局合伙模式。

电商运营模式一般有三种：

（1）自己招人，自己干。

（2）完全外包出去，交给 TP 来操作，托管店，TP 的收费方式一般是月服务费或者销售提成，或者兼有。

（3）招运营，培训运营，自己把控核心环节，客服、美工设计、物流存储等与生态链上的伙伴合伙一起干，大家绑定在一起，共赢共享。

　　合伙人制度运用相当广泛，尤其是新零售的兴起，自阿里首推电商"合伙人"制度以后，电商大小巨头竞相追逐，不管是农村电商合伙人、城市合伙人还是新零售电商合伙人，都取得不少的成果，有很多成功案例。

　　比如，阿里以"新零售"为扩张思路，线下由点及面再到空间一体化进行布局，获取线下流量，向线上导流，同时利用线上优势资源反哺线下，形成互补和融合——其本质在于以客户为中心，打造平台，提升用户体验。以"盒马鲜生"为例，2016年1月首家门店上海金桥店开业，2017年1月宁波开店，6月进驻北京，目前在三地共计拥有13家门店，成为集生鲜超市、便利店、餐饮店、电商于一身的"新零售"业态样本。其通过打造线上优质自营外卖、免费生鲜配送，线下生鲜超市叠加餐饮服务、营造消费场景，并基于阿里大数据和研发能力，打造线上线下一体化物流体系，打通支付宝支付及淘宝会员体系，始终围绕消费者需求，极大地提升了消费者的消费体验。

　　再如，京东则以"零售革命"为主要思路，重在提升供应链效率，降低成本。京东2015年同永辉、2016年同沃尔玛的强强联合，便是其构筑供应链竞争壁垒的关键举措。京东在生鲜商品的供应链和仓储建设仍处于起步阶段，而永辉则一直专注于加强其生鲜品供应链的打造，京东与永辉合作，不但可以通过其全国近500家门店触及线下消费者，更为重要的则是，能够依赖其生鲜商品的供应链体系，快速补足短板。而京东和沃尔玛的合作也将在供应链端展开，沃尔玛在中国的实体门店接入京东集团投资的众包物流平台"达达"和O2O电商平台"京东到家"；库存方面利用双方在供应链和后台技术的优势，共享线上线下数据，以进一步强化京东O2O业务布局。

在新零售电商的法则中，只要有共同的运营能力，就可以合伙。这样能形成一股强大的合力，使其变成强强联手并快速发展。在如今这个讲究跨界、融合的年代，电商如果还依靠一人之力，恐怕很难登上巅峰，更难抵抗像淘宝、京东这样的大型电商平台。因此，只有强强联手，才可能战胜对手，在电商领域获得一席之地。

越来越多人意识到，对于零售业来说，线上与线下相结合是必然的趋势。提出新零售的这样解读：未来的零售将是线上线下和物流结合在一起，消灭库存，让库存管理得更好，让企业库存降到零。

新零售的未来就是把员工变成合伙人，然后有人会问CEO干嘛？CEO就是一个长工，公司的大政方针是由董事会定的，公司的业绩是全体员工共同努力的，CEO设计合伙人机制。企业之间的竞争从资源的竞争变成人才的竞争了，人才是靠机制，机制再往前跨一步叫文化。这种文化就是未来的一种新零售合伙人文化机制。

五、服装行业：店铺合伙制人人当老板

在服装行业实行合伙有两个关注点：一是推行店铺合伙人制；二是分工明确，积极放权给合伙人。如果服装店铺还继续推行过去那种老板一人说了算的模式，要么会面临人才流失的问题，要么员工拿的是死工资，服装店是赔是赚与员工没有太大的关系，所以员工对店里的销售效益并不关心，只是混日子。最后，在管理方面也基本上没有完整的体系，服装店想要做大着实很难。推行店铺合伙人制是拯救服装店铺、让服装店铺发展壮大的一个有效方式。

服装合伙人韩都衣舍做成了行业里的独秀，韩都衣舍采用了"小组制管理模式"。韩都衣舍的创始人兼CEO赵迎光表示，互联网的下一个时代趋势是："品牌人格化，公司媒体化"。自我裂变、不断进化的小组制是韩都衣舍创业成功的秘笈。

那么，韩都衣舍是如何实现小组制管理模式的呢？

韩都的模式是"以产品小组为核心的单品全程运营体系"。它就是去中心化，这个产品小组就是1～3个人，最多3个人，所有公共资源与服务都围绕着小组去做。

这个小组在韩都现在有多少个——一共有280个。这280个都是中心，没有谁是绝对的中心。所有的公共平台围绕这个小组去服务。

3个人中有一个设计师，有一个负责产品页面推广，在传统商业中叫导购，还有一个货品专员，就是采购的角色，负责供应链的组织。

三个人是怎么玩的？

首先是定任务，一般会根据去年完成的销售额和今年公司的正常增长率来定。比如，某个小组去年卖了100万，今年公司正常增长50%，那就得完成150万或者冲刺200万。

定下来这个目标后，财务就会在这个小组的名下打入100万元资金，这个小组就可以运转了。小组的责任是什么？公司给你100万元，你要玩出200万元来。如果你说要玩150万元，公司就配75万元的资金。

小组的权利是什么？

第一是选什么款式。

第二是多少个颜色，多少个尺码。

第三是卖多少钱。

第四是参加什么活动什么促销。

第五是打折节奏和程度。

这些都是由小组自己定，这基本上是一家服装企业老板的所有权利了，款式、价格、数量、打折、促销……全部是三个人商量就定了，权利非常大。

一个小组研发、销售、采购三位一体，三个人变成最核心的运营机制，公司有10个小组还是1000个小组，对每个小组来讲，完全没有区别。

怎样考核这样的小组？

公司对小组的考核和奖金的分配都是根据"业绩提成公式"来核算的，其中有三个核心指标，业绩完成率、毛利率、库存周转率。

在韩都衣舍，每天早上10点公布前一日所有小组的业绩排名。优秀的小组会拿到较高的奖金。小组内奖金的分配是由组长来决定的。

一个优秀的小组，干了这两三年，可能组长总是拿得多，组员总是拿得少。组员这时候就会想分得更多钱，于是产生"分家"的愿望，想要自己出去带个小组，自己当设计师当小组长，拥有分配奖金的权利。

此外，销售排名在后面那几个小组也会出问题，他们也看到排到前面的小组的业绩，知道排名靠前小组可以获得很多奖金。

这个时候，就算小组长多给他们分钱，他们拿到手的奖金还是比排名靠前的小组少很多。做得差的小组组员自然就不想在挣钱少的小组干了。

第一，排名靠前的小组要分裂；第二，排名靠后的小组也要分裂；第三，公司旗下的韩都大学还在不断地培养新人，有新员工加入及时补充小组分裂后的空缺。这就促成了小组的分裂。

小组分裂后，可以相互自由组合，也可以加入新员工组建新的团队。

这样，每个小组都是一个竞争因子，几乎就是一个小公司。这种把公司做小的理念稻盛和夫和张瑞敏都在尝试，而韩都依托互联网的基因轻装上阵，走得更远。

在韩都衣舍，有三个政策来支持小组分裂出来创立新品牌。第一，小组成员会成为这个新品牌的创始人。第二，你的收入不会比以前的低。第三，你的考核指标会降低。

现在韩都下面有 20 个品牌，韩都现在的战略方向就是通过自我孵化和投资并购两种方式布局细分定位的品牌，以体系复制到各个品牌。

韩都衣舍对外宣布，公司的使命在于"成为全球最有影响力的时尚品牌孵化平台"，使命是"成就有梦想的团队"，而战略则要"通过自我孵化和投资并购两种方式，布局各个细分定位的品牌，将'以产品小组为核心的单品全程运营体系'复制到各个品牌，在供应链、IT系统、仓储、客服四大方面提供支持，打造一个覆盖韩风系品牌群、欧美系品牌群、东方系品牌群的基于互联网的时尚品牌孵化平台"。

韩都衣舍的多品牌扩张的战略选择是谨慎的，尽管早在创业之初，赵迎光就注册了 20 多个商标，为日后的多品牌之路早早做起储备，但直到 2011 年，韩都衣舍的销售额在有赢利的前提下做到近 3 亿元，小组制也通过不断试错、调整，日趋完善。在这之后的 2012 年 4 月，韩都衣舍才正式推出第一个内部子品牌 AMH；当年 5 月，又从外部收购了设计师品牌素缕；2013 年推出韩风快时尚童装品牌米妮·哈鲁、欧美风快时尚品牌尼班诗等 3 个品牌；2014 年，韩都衣舍多品牌战略开始提速，全年推出了 10 个品牌。最早推出的男装品牌 AMH，2013 年已冲到 1.8 亿元，2014 年则做到 2.3 亿元，设计师品牌素缕在 2014 年做到将近 1 亿元。

赵迎光说，韩都衣舍开始着手做平台型企业。在 2014 下半年做出的重要策略调整是从"抓大放小"转为"抓小放大"，因在全公司 15 个亿的营收中，女装 HSTYLE 和男装 AMH 占到了 12 亿多元，其他品牌仍然相对较小。"2015 年，几个合伙人的重点就是抓小放大，更多的精力是放在培养和孵化新品牌上。同时，改变营收分配体制。韩都衣舍里面的新品牌达到独立运营的时候，会给子品牌举行成人礼，让其独立经营。

子品牌跟韩都衣舍的关系更像是"不完全事业部制"，因为还要占用总部的公共资源，如客服、物流、IT、供应链等，按照标准进行收费，每个子品牌的负责人每个月都会收到财务报表、收费明细，如有疑问可再确认。也就是说，集团跟子品牌之间本来就存在某种"内部公司制"关系，但独立后要对净利负责。

这体现了小组制的组织优势，可以做到将大的共性与小的个性结合：所有非标准化的环节，需体现创意的环节，如产品的选款、页面制作、打折促销，全部由小组来做；所有标准化的环节，可获得规模经济的环节，如客服、市场推广、物流、摄影等，统称公共部门，由公司来做；再加上人资、财务、行政部门等，就完成了韩都衣舍组织架构的三级管理。简言之，所有非标准化都由小组来做，所有标准化都由企业来做，而让成熟品牌自立门户，给予更多权限，是这一逻辑的自然延伸。

除了韩都衣舍，拉夏贝尔的成功也得益于合伙人模式。截至2016年4月，拉夏贝尔在国内已拥有近8000家全直营门店。拉夏贝尔推动的全渠道变革，引领了行业从"终端为王"向"消费者为王"的转变。面对数量如此庞大的门店，拉夏贝尔是如何实现有效管理的呢？

在门店运营上，拉夏贝尔推行的就是店铺合伙人制度。事实上，早在2014年年底，拉夏贝尔就开始推行这种合伙人制度，并且成效很大。拉夏贝尔的店铺合伙人制，有助于店长和店员从关注"销售额"指标转向关注"成本"和"利润"指标。在考核体系上，主要是店长和店员共享店铺经营成果，这显然是一种正向的激励机制。拉夏贝尔推行这种店铺合伙人制的目的，是让员工意识到自己是门店的经营者，提升员工的归属感，增强员工在工作上的主动性、创造性和责任感。

所以，服装企业的合伙人也许考量的不是专业，不是资金，更多是能不能真正放权，能不能与合伙人真正共享共担，只有这样，才能把不可能变为可能，让合伙之路走得更远。

六、物流行业：借力带来新机遇

物流行业与其他行业一样，在不断发展进程中，有的破产有的被迫退出，有的被兼并或收购；还有的通过重组建立战略集团公司冲出物流业的重围，谋得生存之机会。

大多数能够一直活下来并活得很好的物流行业往往是改变了运营模式的。那就是从直营向合伙人模式的转变。物流行业最初可谓如雨后春笋遍地开花，电商有多红火，快递就有多繁荣。但要想在物流行业分得更大的蛋糕，就需要兼并很多小物流，变成大物流企业。比如现在强大的德邦和顺丰，之所以做得非常成功，就是采用了合伙人模式。圆通也在利用合伙人模式改变传统的直营模式。圆通提供了一个大平台，把区域垂直细分，每个细分区域模块都是有合伙人投资经营，并且合伙人能够将本区域进行分割承包，然后在发展自己的下一级合伙人，最后形成了3级合伙人模式，这些全有合伙人来分担启动成本。

过去几年，国内"四通一达"发展迅速，快速抢占了大量市场。究其原因，无非是合伙加盟模式带来的好处。顺丰也好，圆通也罢，他们都通过合伙加盟模式，让许许多多年轻人、中老年人点燃了创业梦想。同时，这些人的加入，也带动了品牌的快速发展，甚至整个快递物流行业的爆炸式增长。

物流行业最为成功的合伙人模式就是德邦物流的事业合伙人，德邦通过自己的优势资源，对每位事业合伙人的优势发挥给德邦的事业发展奠定了坚实的基础。同时德邦又对事业合伙人进行正规、规范的培训管理，这样最后形成了德邦这个物流生态链。比如说德邦为创业的事业合伙人提供金融、贷款、培训、实际操作以及装修等方面的支持与帮助。

德邦物流的管理精细、操作规范，正符合大品牌企业的形象，德邦打出事业合伙人项目之后，德邦的多年老搭档都纷纷选择与德邦成为事业合伙人，这些事业合伙人获得了自己的利益之后，这对德邦的整体发展和推动也是非常明显的。德邦的事业合伙人的成功推行遍布全国各地，这让的邦德名声和品牌传播做到了最大范围的传播和宣传，这无疑对物流行业来讲不但赢得了利润，还扩大了品牌知名度，占领了物流行业的一席江山。

这些物流企业是如何设计合伙模式的呢？

（1）他们的母公司搭建一个大的运营平台，然后，将整个市场细分，划分成很多块。每一块都有单独的加盟合伙人来投资、运作。同时，作为好处，加盟方还可以继续将自己本地区的市场分割，交由其他人加盟打理，继续发展自己的线下合伙人。这样，就把整个市场进行分级，从大到小地把市场一步步扩开。而且总公司还省时省力，每个细分区块都由加盟方来投资经营。如此一来，层层加盟形成的合伙模式，变成一级加盟、二级加盟、三级加盟……最终由每个加盟企业或个人来分担启动成本。顺丰快递之所以能快速发展，正是借着合伙人的力量，外加不断收购小型公司，逐步走向正规化的。

（2）对加盟的合伙人进行培训和指导，使其的形象和服务更加统一规范，这方面首推德邦快递。德邦做的虽然是快递而不像顺丰是物流，但同样利用了合伙人模式。德邦对于合伙人进行一定程度的专业知识培训，并且主动为合伙人进行资金、装修等方面的支持。这些合伙人，在加入德邦之后，不仅自己得到一定收益，而且自身的发展也进一步促进了德邦整体的企业形象，以及品牌效益。可谓双赢！

通过德邦这个平台，事业合伙人可以发挥自己的特长，并进行正规、专业的培训管理，进而构建一个巨大的快递物流生态圈。为此，德邦还推出创业无忧支持，主动为事业合伙人提供金融、贷款、培训、实际操作和装修等方面的支持和帮助。由于操作规范、管理精细，也更符合大品牌公司的形象，所以德邦推出事业合伙人计划之后，很多常年与物流打交道的人都选择加盟德邦，成为德邦的合伙人。这些合伙人在自己得到收益之外，对德邦的整体发展也是一种推动和促进。同时，由于事业合伙人遍布各地，所以德邦物流的名声和品牌也被更广泛地传播开来。

（3）重视合伙协议的约定。作为物流业的合伙模式，这无疑是一种新的创新，这必然牵扯到很多的人力、物理、财力等方面的问题，因此，合伙人需要对合伙协议格外重视。不但要重视利益分配明确具体；对业务分工也要明确具体，同时发展规划也要符合合伙人的具体情况。

在过去十年中，随着电商平台的崛起，快递物流行业保持着高速增长的态势。在国内，"四通一达"异军突起，逐渐占领了市场。为了快速扩张市场，这五家快递公司并购了许多小公司，并且跟随时代的发展，走上了合伙制道路，普遍采用了加盟的扩张方式。短短几年间，这5家公司在全国的收件和派送网点基本都达到了上万个。在未来依然如此，要想在物流行业有个大的发展，必须要有合伙人的思维模式，我们通过德邦、顺丰和圆通的合伙制成功，给我们这个行业有很大的启示。

附录

合伙人机制常见问答

为什么要寻找合伙人？

如果你想创业，可是资源不够，就可以找些人来合作。合伙不仅带来人力，还能带来资金，如此，就能让自己的创业项目得到不错的实施和发展，就能让合作双方实现资源的共享，从而让自己变得更强大。

合伙的方式有哪些？

项目与项目的合作，项目与人的合作，项目与技术的合作，项目与资金的合作，项目与社会资源的合作。

如何确定合伙投入比例以及利润分配？

合伙投入比例和分配利益成正比，这一点需要用《合伙协议》标清明细，需要认真分析后期资金或资源的再进入情况。如果一方没有融资实力，其他合作者的投入会转换成相应的投资占有股，来分配投入产出利润，根据合作人之间约定的书面分配合同，分配各自利润。

合伙人需要开工资吗？

合伙人之间可以自由选择薪酬支付方式，比如，基本薪资加提成、浮动薪资加期权，薪资结算期可长可短。这些内容都需要在开始的时候商量好。

遇到问题谁说了算？

对于合伙企业来说，遇到普通的日常经营问题，可以有创始人或总经理来做出决断；如果事关团队利益，各合伙人都有表决权，可以通过投票的方式来决定，也可以选出一个彼此都信任的人来做决定。

合伙人之间不能触碰的底线在哪里？

人与人之间的合作是个求同存异的过程，对待某些重大问题或决策时，合伙人需要达成共识。这时，要界定好彼此能接受的底线、自身能够承受的极限……这些也是合伙创业的基础。

合伙人要提前离场，该怎么办？

如果是个人原因，比如出国或离开当地，要看看他是否愿意保留部分股份并支持公司发展？如果是团队之间出现了矛盾，关系破裂且无法挽回，最好用和平协商的方式来解决。

如何确定退出价格？

所谓股权回购就是"买断"，确定退出价格时，可以考虑两个因素：一个是退出价格基数，一个是溢价／折价倍数。确定具体回购价格时，要认真分析公司具体的商业模式，既要让退出合伙人分享到企业的成长收益，还不能让公司产生太大的现金流压力，预留一定调整空间和灵活性。

如何处理贡献与股权不匹配的情况？

公司股权一次性发给合伙人，如果合伙人的贡献是分期到位，很容易出现股权配备与贡献不匹配问题。为了减少这种风险，可以这样做：①合伙人想磨合一段时间，之后再合作；②创业初期，预留较大的期权池，给后期股权调整预留足够的空间；③股权分期成熟与回购等机制，可以对冲这种风险。

可以解雇合伙人吗？

即使是创始人，也可能被解雇。公司要设定一套机制，可以优雅地终止合伙人的执行角色。这个问题比较尖锐，但要提前讨论清楚。

参考文献

[1] 郑指梁，吕永丰 . 合伙人制度——有效激励而不失控制权是怎样实现的［M］. 北京：清华大学出版社，2017.

[2]（阿）费海员 . 合伙人：如何发掘高潜力人才［M］. 高玉芳，谢非译 . 北京：中信出版社，2015.

[3] 郑指梁 . 合伙人制度：以控制权为核心的顶层股权设计［M］. 北京：清华大学出版社，2020.

[4] 张诗信，王学敏 . 合伙人制度顶层设计［M］. 北京：企业管理出版社，2018.

[5] 胡华成，马宏辉 . 合伙人：股权分配、激励、融资、转让 (第2 版)［M］. 北京：清华大学出版社，2020.

[6] 王美江 . 合伙人裂变与股权密码［M］. 北京：人民邮电出版社，2019.

[7] 毛桥坡，周超 . 合伙人制度［M］. 北京：中国友谊出版公司，2018.

[8] 鲍玉成 . 合伙人制：创新型企业管理与运营实战策略［M］. 北京：化学工业出版社，2018.

[9] 康至军 . 事业合伙人：知识时代的企业经营之道［M］. 北

京：机械工业出版社，2016.

[10] 倪云华．合伙人与合伙制创业公司第一课［M］．北京：人民邮电出版社，2019.

[11] 李芊柏．股权激励与合伙人制度落地［M］．北京：中国致公出版社，2020.